코딩

사물인터넷

KB136367

상상을 현실로 만드는
아두이노 Arduino

ARDUINO

Sensor

IOT

idea

박 경 진 지음

(개정판)상상을 현실로 만드는 아두이노(Arduino)

발 행 2019년 4월 10일

지은이 박경진

펴낸이 박경진

펴낸곳 에듀아이(Edu-i)

이 교재에 대한 의견이나 오탈자 및 잘못된 내용에 대한 수정 정보는
아래 이메일로 알려 주십시오.

에듀아이(Edu-i) 이메일 papar@naver.com

도서 예제 소스 다운로드 http://cafe.naver.com/eduipub

── { 저자의 말 } ──

　급변하는 제4차 산업혁명 시대에 암기력은 더 이상 경쟁력이 될 수 없습니다. 인간보다 훨씬 뛰어난 두뇌를 지닌 인공지능이 본격적으로 활용되고 있기 때문입니다. 구글에서 만든 인공지능 알파고는 인간이 평생 공부를 해도 다 학습하지 못할 분량인 프로기사 기보 16만 개를 딥러닝(Deep Learning)이라는 기술을 바탕으로 단 5주 만에 독파했습니다. 반면, 사람은 짧은 시간에 수많은 정보를 암기하기는 거의 불가능합니다. 게다가 정보의 입력은 선택적이고 출력은 상황에 따라 변합니다. 누가 더 오래, 누가 더 많이, 누가 더 빨리 기억을 하느냐를 기준으로 인간은 기계를 압도할 수가 없습니다. 암기력이 뛰어난 인재는 다가올 미래에 기계와의 대결에서 살아남기 어렵습니다. 기억장치는 기계가 인간을 압도합니다.

　현재 7세 이하 어린이가 사회에 나가 직업을 선택할 때가 되면 65%는 지금은 없는 직업을 갖게 될 것이라고합니다. 전문가들은 교육개혁으로 바꿀 새로운 교육 시스템은 기존 지식을 외우는 '암기형 인재'가 아니라 새로운 지식을 만들어 내는 '창의적 인재'를 육성하는 쪽으로 구성이 돼야 한다고 조언합니다. 알파고와 같은 인공지능은 기존의 지식들을 몽땅 흡수할 수 있는 기억장치는 갖췄지만, 새로운 지식을 만들어내는 '창의적 사고 능력'을 갖추지 못했기 때문입니다. 영국은 이미 이러한미 점을 고려해 무조건적인 암기 교육을 버리고 창의적인 교육 시스템으로 바꿨습니다. 수업 시간에 언제든 자유롭게 질문을 던질 수 있도록 허용했습니다. 정해진 정답과 고정된 지식이 없음을 보여줌으로써, 학생들이 새로운 의견을 내놓을 수 있도록 공간을 열어 준 것입니다. 창의성은 기본적으로 '왜?'라는 물음에서 시작이 됩니다.

　미국은 대통령까지 나서 소프트웨어와 코딩 교육을 강조하고 있습니다. 마이크로소프트사를 설립한 빌게이츠, 아이폰의 신화를 만든 애플 창업자 스티브잡스는 어렸을 때부터 만드는걸 좋아하는 메이커였습니다. 이제 창의적인 문제 해결 능력과 논리적인 사고력 등이 필요한 시대입니다. 이 책의 알고리즘을 통한 코딩과 코딩 오류를 분석하고 해결하는 방법을 알아감으로써, 창의적인 문제 해결 능력을 키워가길 기대합니다. 또한 편리하고 유용한 창의 제품 제작을 통해 멋진 메이커가 되길 기대해 봅니다.

　이 책이 나오기까지 조언해주고 격려를 아끼지 않았던 가족에게 감사의 마음을 전합니다.

{ 차 례 }

제3장 아두이노 활용 프로젝트

제4장 IOT 제품 제작 프로젝트

메이커와 소프트웨어

메이커 문화의 시작

1.1 빌게이츠, 스티브잡스도 메이커였다!

빌 게이츠는 13세 때 처음으로 컴퓨터를 접하고 프로그래밍 하는 것에 흥미를 갖게 되었으며, 처음으로 만든 틱택토 (Tic Tac Toe)라는 프로그램은 게임이었습니다. 이후 중독에 가까울 만큼 컴퓨터에 집착했고, 고등학생의 나이에 어른들도 감탄할 만큼의 컴퓨터 실력을 갖게 되었습니다. 대학 생활 중 빌 게이츠는 친구 폴 앨런과 함께 마이크로소프트(Microsoft)를 설립하고 현재의 Microsoft를 만들었습니다.

어렸을 때부터 코딩에 관심을 가지고 프로그래밍을 통해 다양한 프로그램을 개발하면서 좀 더 큰 규모의 프로그램을 만들었으며, 결국에는 전 세계 개인용 컴퓨터의 95% 이상에 사용되는 Windows 운영체제(Operating System)를 만들 수 있었습니다.

<Microsoft Surface>

2000년대를 넘어서면서 우리 삶은 많은 변화가 생겼습니다. 모바일 기기의 급속한 보급과 사용으로 PC에서만 사용하던 인터넷을 스마트폰, 스마트패드 등을 통해 사용할 수 있게 되었습니다. 스마트폰의 보급을 주도한 인물을 선정하라고 하면 대부분의 사람들은 스티브 잡스(Steve Jobs)를 떠올릴 것입니다. 모바일을 선도한 기업이 애플(Apple)이며, 애플의 CEO인 스티브 잡스가 혁신을 주도했기 때문입니다. 스티브 잡스가 창업한 애플의 첫 작업실은 스티브 잡스 집의 자동차 차고지였습니다. 이곳에서 공동 창업자인 스티브 워즈니악(Steve Wozniak)과 애플 I 컴퓨터를 만들었고, 지금의 Apple이 있기까지 혁신을 거듭해왔습니다.

<Apple iPhone>

빌 게이츠와 스티브 잡스는 공통점을 가지고 있습니다. 어렸을 때부터 만드는 걸 좋아했다는 것입니다. 최근 열풍을 일으키고 있는 메이커 활동을 해왔으며, 코딩으로 소프트웨어를 접했다는 것입니다.

1) 메이커스페이스, 디바이스 랩

국내에서도 2014년을 기점으로 본격적인 메이커 활동을 지원하는 기관이 개설·운영되고 있습니다. 가장 대표적인 기관이 바로 무한 상상실(메이커 스페이스)입니다. 전국 주요 도시에 있으며, 메이크올(www.makeall.com)에서 확인할 수 있습니다. 메이커 스페이스에서는 메이커 공간 제공 및 3D 프린터, 레이저 커터 등의 장비를 사용할 수 있고, 일부 메이커 스페이스에서는 메이커를 위한 교육도 진행하고 있습니다. 또한 목공, 도예, 가구, 드론 등의 제작 및 교육 진행으로 다양한 분야의 창의적인 메이커 양성을 지원하고 있습니다.

또한 디바이스랩(www.devicelab.kr)에서는 메이커들의 창업과 제품화 지원을 하고 있습니다. 아이디어만 있다면 누구나 제품화를 통해 상품을 판매할 수 있으며, 아이디어 발굴, 전문 교육, 멘토링, 설계 지원, 시제품 개발, 제품화 지원, 시험 및 인증 지원, 1인 창업 사무실 지원 등의 사업을 진행하고 있습니다.

2절 # 소프트웨어의 이해

2.1 소프트웨어(Software)란?

소프트웨어를 설명 드리기 전에 하드웨어에 대한 이해가 필요할 듯합니다. 하드웨어는 우리가 사용하는 다양한 제품을 의미합니다. 가전제품, 노트북, 스마트폰 등이 모두 하드웨어에 속합니다.

모든 하드웨어에는 소프트웨어가 탑재되어 있습니다. 소프트웨어는 하드웨어를 제어해 필요한 기능을 수행하고 동작시키기 위해 사용합니다. 전기밥솥을 예로 들겠습니다. 사람의 기호에 따라 찰진밥을 좋아하는 사람이 있고, 꼬들밥을 좋아하는 사람도 있습니다. 찰진밥을 선택해 취사를 하면 밥솥이 찰진밥이 될 수 있도록 알맞은 압력과 온도, 시간을 조절합니다. 꼬들밥을 선택하면 꼬들밥에 맞게 압력과 온도, 시간을 조절합니다.

Controller Unit
(아두이노)
Micro
Controller Unit

밥솥에 미리 찰진밥과 꼬들밥에 가장 적합한 압력과 온도, 시간을 입력해두고 버튼 한 번으로 찰진밥과 꼬들밥을 선택해 사용할 수 있도록 제공합니다. 이것이 바로 소프트웨어입니다. 소프트웨어는 하드웨어를 구동하기 위해 사용하는 것입니다.

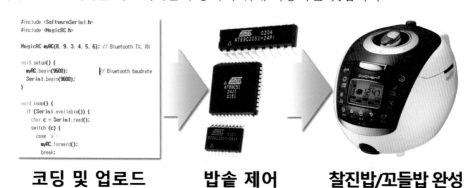

코딩 및 업로드　　**밥솥 제어**　　**찰진밥/꼬들밥 완성**

2.2 소프트웨어(Software)의종류

소프트웨어는 하드웨어를 제어하기 위해 사용하는 형태(전기밥솥, 냉장고 등)도 있고, 하드웨어 기반 위에서 소프트웨어 자체의 기능(한글, 엑셀, 파워포인트 등)이 필요해 사용하기도 합니다. 하드웨어를 직접 제어하는 프로그램을 시스템 소프트웨어라고 하며, 소프트웨어 자체 기능을 사용하기 위한 프로그램을 응용 소프트웨어라고 합니다.

이러한 소프트웨어를 만드는 프로그램을 프로그램 언어(Program Language)라고 합니다. 프로그램 언어 중 최근 많이 사용하는 언어는 다음과 같은 종류가 있습니다.

1) C, C++

C언어는 1969년부터 1973년까지 4년에 걸쳐 AT&T 벨연구소에서 개발되었으며, 실질적으로 모든 컴퓨터 시스템에서 사용할 수 있는 프로그래밍 언어입니다. 다양한 플랫폼에서 사용 가능하며 높은 성능을 제공해 아직까지도 가장 사랑받는 언어 중 하나입니다. C++는 C에서 객체 지향형 언어로 발전된 것이며, 다양한 최신 언어들도 그 뿌리를 C언어에 두고 있습니다. 비교적 쉬운 프로그래밍 언어로 최근 오픈소스 형태의 메이킹 운동에서 많이 사용되고 있습니다.

2) JAVA

JAVA는 썬 마이크로시스템즈사에서 개발한 프로그래밍 언어로 객체 지향적 프로그래밍 언어입니다. 1991년 그린 프로젝트(Green Project)라는 이름으로 시작해 1995년에 발표했습니다. 처음에는 가전제품 내에 탑재해 동작하는 프로그램을 위해 개발했지만 현재 웹 애플리케이션 개발에 가장 많이 사용하는 언어 가운데 하나이고, 모바일 기기용 소프트웨어 개발에도 널리 사용하고 있습니다. 하지만 많은 라이브러리가 필요하고 프로그래밍 구조가 복잡한 단점이 있습니다.

3) Python

Python은 귀도 판 로썸(Guido van Rossum)이 1989년 만든 언어입니다. 파이썬의 사전적인 의미는 고대 신화에 나오는 파르나소스 산의 동굴에 살던 큰 뱀을 뜻하며, 아폴로 신이 델파이에서 파이썬을 퇴치했다는 이야기가 전해지고 있습니다. 대부분의 파이썬 책 표지와 아이콘이 뱀 모양으로 그려져 있는 이유가 여기에 있습니다. 파이썬은 우리나라에서는 아직 대중적으로 사용되고 있지 않지만 외국에서는 교육 목적뿐 아니라 실무에서도 많이 사용되고 있습니다. 오픈소스 프로젝트에서 C 언어와 함께 많이 사용되고 있습니다.

2.3 왜 소프트웨어(Software)를 배워야 하는가?

1) 소프트웨어의 필요성

한국은 2018년부터 중·고등학교 학생들은 소프트웨어를 정규 교과목으로 배우고 있고, 2019년부터는 초등학생들도 소프트웨어를 배우고 있습니다. 초등학교부터 중·고등학교까지 소프트웨어 교육을 의무화 하고 있습니다. 물론 대학생들도 많은 학과들이 소프트웨어 과정을 도입해 기존 학문을 소프트웨어와 융합하는 형태로 교육을 진행하고 있습니다.

미국, 독일, 프랑스, 일본, 중국 등의 많은 나라들은 소프트웨어의 중요성을 깨닫고 5~7년 전부터 학교에 소프트웨어 교육을 도입하였습니다. 미국의 전 대통령인 버락 오바마는 2013년 '컴퓨터 사이언스 에듀케이션 위크(Computer Science Education Week)'의 축사에서 "컴퓨터 기술을 배우는 것은 단순히 개인의 미래를 책임지는 것 이상의 가치를 가졌다. 즉 국가의 앞날을 위한 것"이라며 "미국은 지금 컴퓨터 기술과 코딩을 마스터한 젊은 인재를 필요로 하고 있다"고 말했습니다. 특히 해당 영상에서 오바마 대통령은 "게임을 즐기지만 말고 직접 만들어보라"고 권유하는 등 소프트웨어 및 콘텐츠의 중요성을 이야기 했습니다.

왜 그럴까요?

그 이유는 소프트웨어를 통해 논리적인 사고력, 창의적인 문제 해결 능력을 키울 수 있기 때문입니다. 또한 앞으로 우리가 살아가는 모든 분야에 소프트웨어가 사용되고, 그 중요도는 크게 확대되고 있기 때문입니다. 대표적인 예로 자율주행 자동차는 80% 정도의 기능이 소프트웨어를 통해 제어됩니다. 센서를 통해 사물을 인식하고, 인식된 사물을 분석하고, 자동차의 기능을 제어해 주행/정지 상태를 만드는 것 모두 소프트웨어를 통해 가능한 일입니다. 뿐만 아니라 인공지능, 빅데이터 분석, 사물인터넷, 클라우드 서비스, 드론, 로봇 등이 모두 소프트웨어를 활용할 수 있는 분야입니다.

앞으로 우리가 살아가야할 세상은 소프트웨어 없이는 살 수 없는 세상이기 때문에 소프트웨어를 알고 활용하는 것은 선택이 아닌 필수입니다. 스마트 홈, 자율 주행 자동차, 스마트 글래스, 스마트 TV, 스마트 센서, 웨어러블 디바이스 등 무수히 많은 장치가 우리의 삶에 사용되고 활용될 것입니다.

2.3 아두이노란?

1) 오픈 소스의 이해

오픈 소스(Open Source)는 소프트웨어 혹은 하드웨어 제작자의 권리를 지키면서 원시 코드를 누구나 열람할 수 있도록 한 소프트웨어 혹은 오픈 소스 라이선스에 준하는 모든 것을 일컫는 말입니다. 오픈 소스는 크게 오픈 소스 하드웨어와 오픈 소스 소프트웨어로 구분할 수 있습니다.

오픈 소스 하드웨어(Hardware)란 해당 제품과 똑같은 모양 및 기능을 가진 제품을 만드는 데 필요한 모든 것(회로도, 자재 명세서, 인쇄 회로 기판 도면 등)을 공개해 누구나 자유롭게 제조, 배포, 판매할 수 있도록 공개된 하드웨어를 의미합니다. 오픈 소스 하드웨어는 하드웨어의 사용을 극대화하기 위하여, 쉽게 구할 수 있는 부품과 재료, 표준 가공 방법, 개방된 시설, 제약이 없는 콘텐츠 그리고 오픈 소스 디자인 툴을 사용하는 것이 이상적입니다. 대표적인 오픈 소스 하드웨어는 아두이노(Arduino), 라즈베리 파이(Raspberry Pi) 등이 있습니다.

아두이노　　　　**라즈베리 파이**　　　　**에디슨**

오픈 소스 소프트웨어(Software)는 소스 코드를 공개해 누구나 특별한 제한 없이 그 코드를 보고 사용할 수 있는 오픈 소스 라이선스를 만족하는 소프트웨어를 말합니다. 소프트웨어의 소스 코드를 자유롭게 읽고, 재배포 및 개조를 가능하게 함으로써 소프트웨어가 향상되고, 한 사람이 느린 속도로 소프트웨어를 개발하는 것보다 여러 사람들이 고치고 쓰고 버그를 개선하는 것이 보다 빠를 수 있다는 것이 오픈 소스의 기본 이념입니다.

아두이노(Arduino)는 오픈 소스를 기반으로 한 단일 보드 마이크로컨트롤러로, 완성 된 보드(상품)와 관련 개발 도구 및 환경을 말합니다. 2005년 이탈리아의 IDII(Interaction Design Institute Ivera)에서 하드웨어에 익숙지 않은 학생들이 자신들의 디자인 작품을 손쉽게 제어할 수 있도록 고안된 아두이노는 처음에 AVR을 기반으로 만들어졌으며, 아트멜 AVR 계열의 보드가 현재 가장 많이 판매되고 있습니다.

아두이노는 다수의 스위치나 센서로부터 값을 받아들여, LED나 모터와 같은 외부 전자 장치들을 통제함으로써 환경과 상호작용이 가능한 물건을 만들어 낼 수 있습니다. 아두이노 통합 개발 환경(IDE)을 제공하며, 소프트웨어 개발과 실행코드 업로드도 제공합니다. 또한 어도비 플래시, 프로세싱 등과 같은 소프트웨어와 연동할 수도 있습니다. 아두이노는 소프트웨어를 처음 배우는 사용자들이 가장 쉽게 접근할 수 있는 플랫폼이며, 다양한 센서 및 액추에이터를 지원해 드론, 로봇제어, 사물인터넷 등의 제품 개발 및 제작에 최적화된 플랫폼입니다. 가격 또한 저렴해 부담 없이 사용해볼 수 있는 부분도 매력적입니다.

2) 아두이노 보드의 종류

아두이노 보드를 설명 드리기 전에 정품보드와 호환보드에 대해 설명 드리겠습니다. 정품보드는 아두이노가 처음 개발된 이탈리아에서 생산되는 보드로 품질이 우수하며, 최적화된 동작 성능을 보장해줍니다. 호환보드는 공개된 아두이노 보드 설계도를 기반으로 똑같이 모방하여 만든 제품으로 제작사가 여러 곳이기 때문에 제품의 품질과 기능의 차이가 있을 수 있습니다. 하지만 가격적인 부분에서 호환보드가 저렴하고 사용 편의성 등이 정품과 거의 같아 일반적으로 호환 보드를 주로 사용합니다.

아두이노 보드는 핵심 역할을 하는 MCU(Micro Controller Unit)의 형태에 따라 DIP 타입과 SMD 타입으로 구분합니다. DIP과 SMD 타입은 형태는 다르지만 성능은 동일합니다.

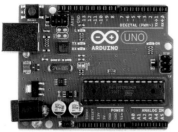

아두이노 Uno 정품(DiP Type)

아두이노 Uno 호환품(DiP Type)

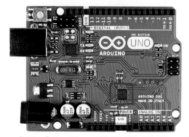

아두이노 Uno 정품(SMD Type)

아두이노 Uno 호환품(SMD Type)

아두이노는 다양한 개발 환경에 대응하기 위해 다양한 크기와 기능을 차별화한 보드를 제공하고 있습니다. 일반적으로 입문시 가장 많이 사용하는 아두이노 우노(Uno)가 있으며, 아두이노 메가(Mega), 아두이노 나노(Nano), 아두이노 프로미니(Pro Mini), 아두이노 릴리패드 등이 있습니다.

(1) 아두이노 우노(Uno)

아두이노 보드 중 가장 많이 사용하는 보드입니다. 디지털 13개의 핀과 아날로그 6개 핀을 지원합니다.

(2) 아두이노 메가(Mega)

아두이노 보드 중 가장 많은 핀(디지털 54핀, 아날로그 16핀)을 지원합니다. 연결해야하는 센서나 액추에이터가 많은 경우에 사용할 수 있습니다. 우노에 비해 저장용량이 크며, 속도도 더 빠릅니다.

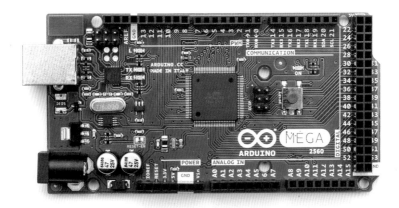

(3) 아두이노 나노(Nano)

아두이노 나노는 아두이노 우노의 기능을 거의 대부분 포함하면서 크기는 1/3 정도로 작은 크기로 소형기기 제작에 적합한 제품입니다.

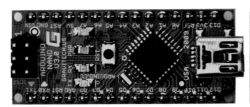 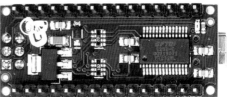

(4) 아두이노 프로 미니(Pro Mini)

아두이노 프로 미니는 제품화하기에 적합하도록 가장 작은 크기로 USB 시리얼 변환 칩(아두이노와 PC를 USB로 연결 및 데이터 전송을 위한 칩)을 제거한 제품입니다. 따라서 프로그래밍을 위한 별도의 USB시리얼 변환기(FTDI)가 필요합니다. Atmega328 (혹은 Atmega168) 기반으로서 아두이노 우노와 거의 동일한 스펙을 가집니다. 참고로 5V 지원 보드와 3.3V 지원보드로 구분됩니다. 저 전력 제품을 만들거나 필요로 할 때에는 3.3V 지원 보드를 사용하면 좋습니다.

 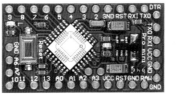

(5) 아두이노 릴리패드(LilyPad)

아두이노 릴리패드는 원형으로 테두리에 전도성 실로 바느질을 해 회로를 구성할 수 있습니다. 의상디자인, 공연 및 무대 등에서 사용하는 의상에 LED를 연결해 제어할 수 있습니다.

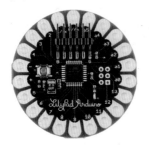 

(6) 아두이노 에스플로라(Esplora)

아두이노 에스플로라는 조이스틱 형태의 모양으로 조정기 등으로 사용합니다. 몇 가지 센서와 기기가 탑재되어 별도의 연결 없이 제어할 수 있습니다.

(7) 아두이노 윤(Yun)

아두이노 윤은 ATmega32u4 마이크로컨트롤러와 Atheros AR9331 프로세서를 탑재한 보드로 Atheros 프로세서는 Linino라 불리는 OpenWRT기반의 리눅스를 지원합니다. 아두이노 윤은 이더넷, 와이파이, USB-A 포트, microSD 슬롯을 기본 지원해 유선/무선 네트워크를 연결해 사물을 제어할 수 있는 기능을 제공합니다.

(8) 기타

앞에서 설명한 아두이노 기반 보드 외에도 다양한 보드가 출시되어 있습니다. 일반적으로 많이 사용하지는 않지만 아두이노 제로(Zero), 아두이노 듀(Due), 아두이노 레오나르도(Leonardo), 갈릴레오(Galilero) 등이 있습니다. 그리고 아두이노는 오픈소스 플랫폼이기 때문에 누구나 아두이노 설계도면을 수정해 새로운 아두이노 제품을 만들 수 있고 판매할 수 있습니다. 설명한 모델을 기반으로 기능을 추가하거나 일부 부품만 바꿔 출시하는 호환보드 또한 많습니다. 대표적으로는 국내에서 제작 판매되는 오랜지 보드(Orange Board)가 있습니다.

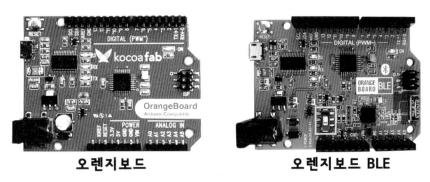

오렌지보드   오렌지보드 BLE

3) 아두이노 우노(Uno)보드 명칭

아두이노 보드 중 가장 많이 사용하는 우노(Uno) 보드를 기준으로 보드 각 부분의 명칭을 알아보도록 하겠습니다.

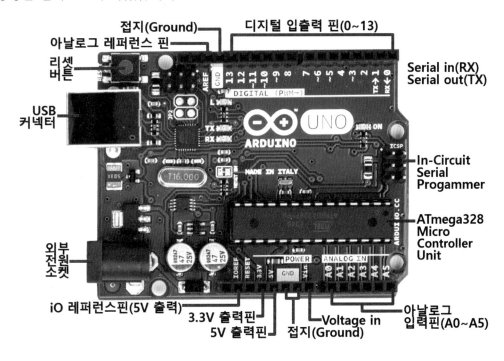

(1) 디지털 입출력 핀(0~13)

디지털 입력 및 출력 장치를 연결하는 핀입니다. LED, 버튼, 디지털 센서, 모터 등을 연결하는 곳입니다. 0번과 1번 핀은 PC와 아두이노 보드가 연결된 상태에서 코딩한 내용을 아두이노 보드에 업로드할 때 사용하는 핀이기 때문에 PC와 연결되어 있는 경우에는 일반적으로 사용하지 않습니다. 보드의 핀번호 앞에 ~가 붙어있는 핀은 PWM(Pulse Width Modulation)을 지원하는 것으로 뒷부분에서 자세히 설명 드리겠습니다.

(2) 아날로그 입력핀(A0~A5)

아날로그 입력 장치를 연결하는 핀입니다. 로터리 저항, 아날로그 센서, 아날로그 디스플레이 장치 등을 연결할 수 있습니다.

(3) ATmega328 Micro Controller Unit

아두이노 보드에서 가장 중요한 부분으로 PC에서 코딩한 내용을 업로드할 때 업로드 내용이 저장되는 곳입니다. 또한 보드에 저장한 코딩 내용을 실행하는 역할도 합니다. ATmega328은 ATmel사의 MCU로 32KB의 저장 공간과 8bit AVR CPU, 16MHz Clock Speed를 포함하는 칩입니다.

(4) 5V 출력핀, 3.3V 출력핀

아두이노 보드에 연결하는 각종 센서들에 공급되는 전원(+, 플러스)을 연결하는 핀입니다. 연결하는 센서 대부분은 5V를 사용하지만 일부 센서는 3.3V를 사용하기도 합니다. 센서에서 동작 가능한 전압으로 연결하면 됩니다. 아두이노나 센서에서는 플러스(+) 전원을 VCC, +, 5V, 3.3V 등으로 표기합니다.

(5) 접지(Ground)

아두이노 보드에 연결하는 각종 센서의 마이너스(-) 전원 연결 커넥터입니다. 아두이노나 센서에서는 마이너스(-) 전원을 GND, Ground, - 등으로 표기합니다.

4) 센서와 액추에이터

센서는 측정한 정보를 아두이노 보드로 가져와 사용자가 확인할 수 있도록 하거나 값을 계산해 필요한 정보 값으로 나타낼 수 있도록 지원합니다. 액추에이터는 에너지 (주로 전기 에너지)를 공급받아 동력을 생산하는 기기를 의미합니다. 가장 대표적인 액추에이터는 모터입니다. 센서와 액추에이터에 대해 알아보겠습니다.

(1) 센서

센서는 크게 아날로그 센서와 디지털 센서로 구분됩니다. 빛의 양을 측정하는 조도 센서, 온도를 측정하는 온도 센서, 소리의 크기를 측정하는 사운드 센서 등은 아날로그 센서입니다. 인체를 감지하는 PIR 센서, 적외선 신호(리모컨)를 수신하는 센서, 온도와 습도를 측정할 수 있는 온·습도 센서, 거리를 측정하는 초음파 센서 등은 디지털 센서입니다.

아두이노 보드에 다양한 센서를 연결해 값을 측정하고 활용할 수 있습니다. 센서 모듈은 센서가 작동시 필요한 추가 부품(저항, 콘덴서, 다이오드, IC 등)을 별도로 연결할 필요없이 쉽게 사용할 수 있도록 지원합니다. 본 도서에서는 주로 센서 모듈을 이용해 연결하고 사용 및 활용하는 방법을 설명 드립니다.

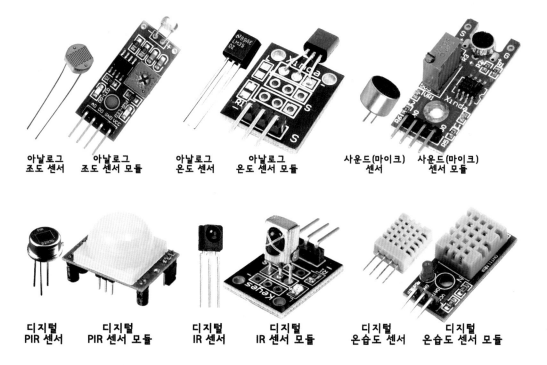

| 아날로그
조도 센서 | 아날로그
조도 센서 모듈 | 아날로그
온도 센서 | 아날로그
온도 센서 모듈 | 사운드(마이크)
센서 | 사운드(마이크)
센서 모듈 |

| 디지털
PIR 센서 | 디지털
PIR 센서 모듈 | 디지털
IR 센서 | 디지털
IR 센서 모듈 | 디지털
온습도 센서 | 디지털
온습도 센서 모듈 |

(2) 액추에이터

액추에이터는 동력을 이용해 기계를 동작시키는 구동 장치로 여러 가지 종류가 있지만 아두이노에서는 주로 모터 종류를 의미합니다. 모터는 크게 3가지로 구분됩니다. 전기가 공급되면 회전하는 DC 모터, 일정한 각도만 회전하는 서보(Servo) 모터, 정확한 거리만큼 이동할 수 있는 스텝(Step) 모터가 있습니다.

DC(Direct Current)는 극성(+, -)이 구분되며, 소형 부품에 주로 사용합니다. 아두이노에서 사용하는 부품은 대부분 DC를 사용합니다. 양극(+)과 음극(-)을 구분하기 때문에 연결할 때 주의해야합니다.

DC 모터   **SERVO 모터**   **STEP 모터**

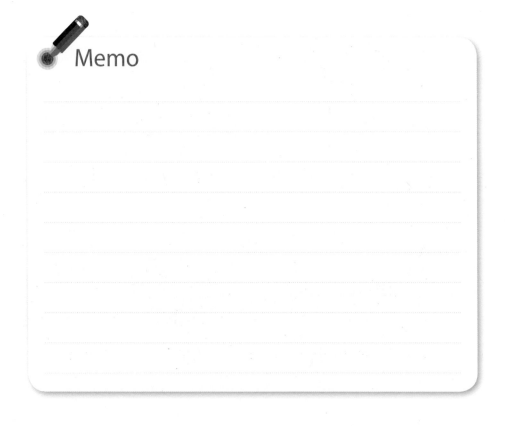

Memo

3) 부품 구입 방법

아두이노 보드와 센서 등 다양한 부품을 구입해 테스트해보고 싶다면 다음 사이트를 이용해볼 수 있습니다.

(1) 국내 사이트

① 협신전자(www.ic114.com)

협신전자는 국내에서 저렴하게 아두이노 및 센서 관련 제품을 구입할 수 있는 사이트입니다. 판매하는 제품의 종류가 다양하기때문에 아두이노 관련 프로젝트를 진행할 때 필요한 대부분의 부품을 구입할 수 있습니다.

② 메카솔루션(www.mechasolution.com)

메카솔루션은 국내에서 가장 많은 부품을 제공하는 곳 중 하나이며, 아두이노뿐만 아니라 라즈베리파이, 드론, 3D프린터, 로봇, 웨어러블 등의 다양한 부품을 만나볼 수 있습니다.

③ 파츠키츠(parts-kits.com)

파츠키츠는 아두이노 및 라즈베리파이 관련 부품 및 모듈을 홈페이지와 오픈 마켓(옥션, G마켓, 11번가 등)을 통해 판매하고 있습니다.

(2) 해외 사이트

① 알리익스프레스(ko.aliexpress.com)

알리익스프레스는 중국 종합 쇼핑몰입니다. 해외 결제 가능 신용카드나 체크 카드가 있다면 홈페이지에서 바로 주문할 수 있습니다. 알리익스프레스를 이용하는 가장 큰 이유는 가격 때문입니다. 국내 쇼핑몰과 비교했을 때 30%~70%정도 저렴한 가격으로 구입할 수 있습니다. 하지만 배송에 걸리는 기간(Small Packet Free Shipping 기준 15~40일)이 길기 때문에 빠른 배송이 필요한 사용자라면 국내 사이트에서 구입하시길 추천해드립니다.

(3) 부품 구입 없이 아두이노 테스트하기

① 오토데스크 서킷(tinkercad.com/circuits)

아두이노 보드나 센서 구입이 부담스럽거나 센서 중 사용해 보고픈 일부 센서가 없을 때 온라인으로 아두이노 보드와 센서를 연결하고 코딩을 통해 해당 센서의 동작을 확인해볼 수 있는 사이트가 오토데스크 서킷입니다. 회원가입 후 누구나 무료로 아두이노 보드와 센서를 추가 및 연결하고 코딩을 통해 동작을 테스트해 볼 수 있습니다.

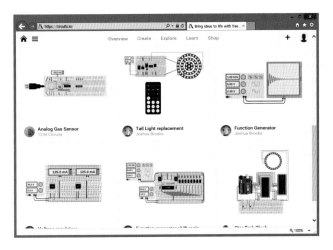

Memo

27

Memo

아두이노 기본 다지기

1절 아두이노 준비하기

1.1 아두이노 IDE 설치

사용자가 원하는 대로 아두이노 보드가 동작하도록 하려면 미리 아두이노 보드에 동작 내용을 등록해야 합니다. PC와 아두이노 보드를 USB 케이블로 연결 후 컴퓨터에서 아두이노 보드의 동작을 제어하는 코딩(스케치)을 하게 되는데 이때 사용하는 프로그램이 아두이노 IDE 프로그램입니다.

아두이노 사용하려면 PC에 아두이노 IDE(통합 개발 환경) 프로그램을 설치해야 합니다. PC에 아두이노 IDE 프로그램을 설치해 보겠습니다.

① 아두이노 IDE 프로그램 다운로드 사이트인 [arduino.cc]에 접속합니다. 사이트에 접 [SOFTWARE]-[Downloads]를 클릭합니다.

② 아두이노 최신 버전 정보가 나타납니다. 오른쪽 [Windows Installer]를 클릭합니다.

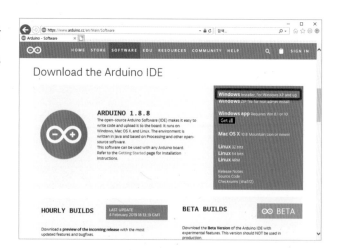

③ [JUST DOWNLOAD]를 클릭
합니다. 다운로드 창이 나오면
[실행]을 클릭합니다.

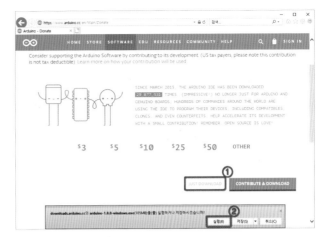

④ 사용자 계정 컨트롤 창이 나오
면 [예]를 클릭합니다. 사용 동
의 창이 나옵니다. [I Agree]
를 클릭합니다.

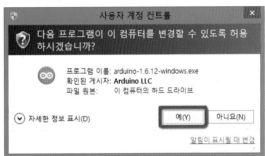

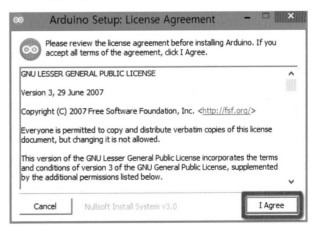

⑤ 설치 구성요소 선택 창이 나옵
니다. [Next]를 클릭합니다.

⑥ 설치 위치를 묻는 창이 나옵니다. [Install]를 클릭합니다.

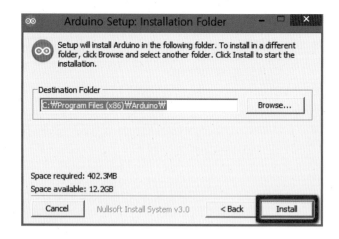

⑦ 설치가 진행됩니다. 설치가 완료될 때까지 잠시 기다립니다. 설치도중 드라이버 설치 메시지 창이 나오면 [설치]를 클릭합니다. 설치가 완료되면 [Close]를 클릭합니다.

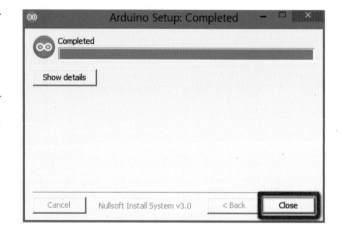

⑧ 아두이노 IDE를 실행해보겠습니다. 바탕화면 [Arduino] 아이콘을 더블클릭합니다. 아두이노 IDE가 실행됩니다.

1.2 아두이노 연결 및 드라이버 설치

아두이노 IDE를 설치가 완료되면 아두이노와 PC를 연결할 차례입니다. 아두이노 보드 구입할 때 동봉된 또는 별도로 구매한 USB 케이블로 PC와 연결합니다.

PC와 아두이노 보드 연결은 두가지 방식을 주로 이용합니다. 아두이노 우노는 USB-B 타입을 많이 사용하며, 일부 보드는 마이크로 5핀 스마트폰 충전 케이블을 이용하기도 합니다.

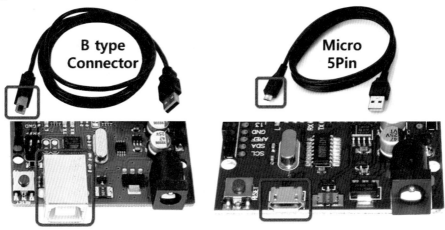

아두이노 보드를 PC와 연결하면 PC에서 아두이노 보드에 맞는 드라이버를 설치하게 됩니다. 아두이노 정품 보드의 경우 USB 드라이버가 자동 설치되나 호환용 아두이노 보드는 대부분 USB 드라이버를 설치해야 PC에서인식하고 사용할 수 있습니다. 참고로 아두이노 보드 드라이버 자동 설치는 PC와 처음 연결시 진행되며, 시간은 1~3분 정도 소요됩니다. 하지만 가격적인 이유 등으로 인해 호환용 아두이노 보드를 사용하는 경우가 많습니다. 호환용 아두이노 보드의 USB 드라이버를 설치하고, PC와 아두이노 보드의 연결 및 보드 선택, 연결 포트 번호를 설정하는 방법에 대해 알아보겠습니다.

1) USB 드라이버 설치

① 컴퓨터의 웹 브라우저를 실행
하고 [bit.ly/2XT4MTj]로 접
속합니다. 대소문자를 구분해
입력해야 합니다. 접속된 사이
트의 [다운로드] 링크를 클릭
합니다. 다운로드 창이 나오면
[실행]을 클릭 합니다.

☞ 드라이버 다운로드는 다음 사이트에서도 다운로드 받을 수 있습니다.
https://cafe.naver.com/eduipub/4
http://bit.ly/2T5GfH0

② 프 로 그 램 이   실 행 되 면
[INSTALL]을 클릭합니다.

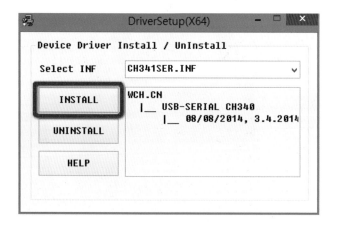

③ 설치가 완료되었다는 메시지
가 나오면 [확인]을 클릭 후 설
치 프로그램을 종료합니다. 드
라이버 설치가 완료되었습니
다.

2) 아두이노 IDE 설정

① 드라이버 설치가 완료되면 아
두이노 IDE를 실행(바탕화
면의 Arduino 아이콘)합니
다. 프로그램이 실행되면 연
결할 보드 설정을 위해 [툴]-
[보드:"Arduino/Genuino
Uno"]를 클릭합니다.

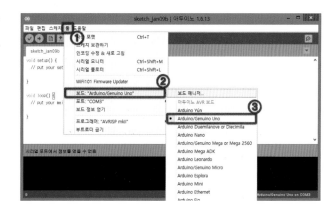

② 아두이노와 PC가 케이블로 연
결되어 있다면 연결을 해제합
니다. 포트 설정을 위해 [툴]-
[포트]를 클릭해 'COM'으로
시작하는 포트 번호를 확인합
니다.

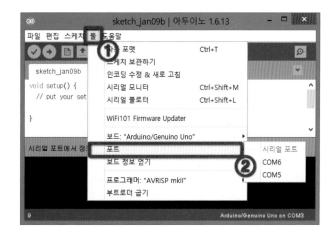

③ 이제 아두이노 보드를 컴퓨터
에 연결 후 [툴]-[포트]를 클
릭 해 앞서 보이지 않았던 포
트를 선택합니다. 아두이노보
드 사용을 위한 설정이 완료되
었습니다.

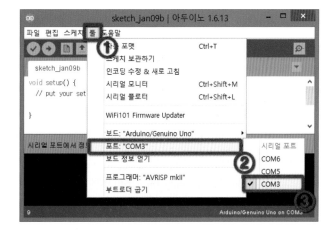

1.3 아두이노 IDE 화면 구성

아두이노 IDE 화면은 비교적 단순합니다. 아래 이미지로 알아보겠습니다.

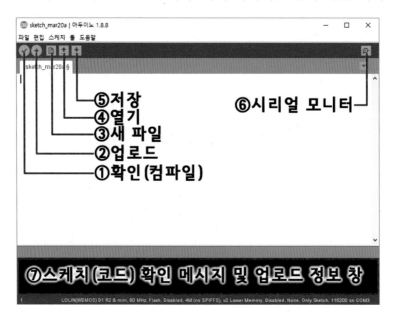

① 확인(컴파일)

확인 기능은 코딩(스케치) 내용에 오류가 없는지 확인하는 기능입니다. 대 소문자 구분, 오타, 잘못된 값 저장 등의 내용이 없는지 체크해 그 결과를 '⑦스케치(코드) 확인 메시지 및 업로드 정보 창'에 나타냅니다. 이 메시지를 참고해 스케치의 오류 부분을 확인하고 수정할 수 있습니다.

② 업로드

코딩 내용이 오류가 없는 경우에 USB로 연결된 아두이노 보드로 업로드 하는 기능입니다. 아두이노 보드가 연결되어 있지 않거나 포트 설정이 잘못되어 있다면 업로드 기능을 사용할 수 없습니다.

⑥ 시리얼 모니터

아두이노 보드에 연결한 센서에서 값을 읽어와 표시하는 역할이나 코딩 내용이 예상했던 값과 다른 결과 값을 보일 경우 어느 부분에서 오류가 있는지 체크하고자 하는 경우에 사용할 수 있습니다. 또한 시리얼 모니터에 입력한 값을 이용해 아두이노 보드에 연결된 장치를 제어하는 용도로도 사용할 수 있습니다.

⑦ 스케치(코드) 확인 메시지 및 업로드 정보 창

코딩을 완료하고 코드에 이상이 있는지 여부를 확인하고자 할 때 '확인' 기능을 이용한다고 했습니다. 코드에 오류가 있는 경우에 어느 부분에서 어떤 오류가 있는지 표시해줍니다. 또한 코드에 오류가 없어 아두이노 보드에 업로드 하였을 때 코딩 내용이 아두이노 보드의 MCU 저장 공간을 얼마만큼 사용하지는, 정상적으로 업로드 되었는지 여부를 알려주는 역할을 합니다.

1.4 아두이노 스케치 기본 구성

아두이노 IDE를 실행하면 몇 줄의 코드가 입력되어 있습니다. 이 코드를 기준으로 필요한 코드를 추가로 입력해 코드를 완성하게 됩니다. 코드의 기본 구조는 크게 3가지로 나눌 수 있습니다. 아두이노 코딩에서는 '기본 구조 1', '기본 구조 2'를 주로 사용합니다. 조금 더 복잡한 코딩에서는 함수를 정의하고 사용하는 '기본 구조 3'을 사용합니다.

기본 구조 1	기본 구조 2	기본 구조 3
void setup( ) { } void loop( ) { }	#라이브러리 변수/상수 선언 void setup( ) { } void loop( ) { }	#라이브러리 변수/상수 선언 함수( ) { } void setup( ) { } void loop( ) { }

1) void setup() { }

아두이노 보드에서 전원 공급시 한 번에 한해서 실행할 내용을 { } 안에 작성합니다. 예로 아두이노 보드에 있는 디지털 핀 번호를 입력으로 설정할지, 출력으로 설정할지를 정의할 수 있습니다.

예를 들어 밥솥의 경우 전원을 공급하면 LCD에 빛을 켜고 선택 가능한 밥의 종류를 나타내는 기능, 취사와 보온을 선택할 수 있는 기능을 LCD에 나타내는 것이 초기에 실행하는 내용입니다.

2) void loop() { }

아두이노 보드에서 반복해서 실행할 내용을 { }안에 작성합니다. 예를 들면 3초 동안 LED를 켜고 이어서 2초 동안 LED를 끄는 내용이 반복되게 하고자 할 때 코드를 void loop() 함수의 { } 안에 작성합니다. 밥솥의 예로 보면 취사나 보온 버튼을 눌렀을 때 밥을 하거나 밥의 온도를 일정하게 유지하는 것이 loop()에서 하는 내용입니다. 밥솥과 사용자의 상호작용을 포함합니다.

> ● 알아두세요~
>
> 함수란? 아두이노와 C++ 언어뿐만 아니라 대부분의 프로그래밍 언어에서 사용하는 것으로 반복 사용이 필요한 코드를 여러 번 작성하지 않고 함수로 등록하고 필요시마다 호출해 사용하는 것을 의미합니다. 함수는 함수 이름과 함께 ( )로 구성됩니다. setup( ) 함수와 loop( ) 함수는 아두이노에서 기본 제공하는 함수이며, 두 함수 안에 코드를 작성해 동작을 테스트 할 수 있습니다. 함수 앞의 void는 다른 함수 영역에서 void가 있는 함수를 호출 시 외부로부터 가져오는 값과 반환하는 값이 없다는 것을 의미합니다. 다시 말해 void가 있는 함수를 호출하면 void가 있는 함수는 실행시 내부에 있는 코딩 내용만을 실행(외부에서 값을 가져오거나 보내주지 않고)한다는 의미합니다.

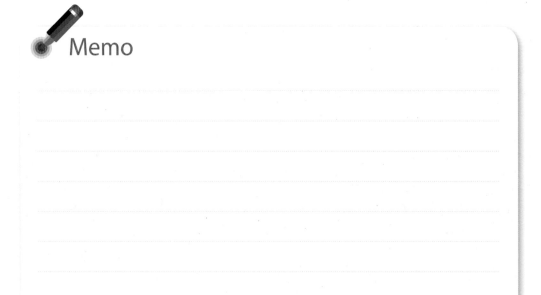

Memo

2절 LED 제어하기

2.1 아두이노 스케치 불러오기

아두이노에서 사용하는 스케치라는 용어는 그림을 그리듯 어렵지 않게 코딩을 통해 아두이노 보드를 제어할 수 있다는 의미로 아두이노 IDE에서 작성한 코드를 부르는 다른 말입니다. 아두이노에서 제공하는 기본 예제를 불러와 아두이노 보드에 업로드하고 테스트해보는 것부터 시작해보겠습니다.

프로젝트 명	LED를 설정한 시간동안 켜기/끄기를 반복하기
필요 부품	아두이노 보드, 빨간색 LED, 케이블(암수) 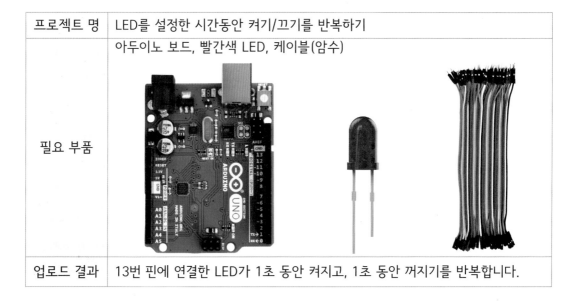
업로드 결과	13번 핀에 연결한 LED가 1초 동안 켜지고, 1초 동안 꺼지기를 반복합니다.

1) 연결 구성도

아두이노 보드에 LED를 연결해보겠습니다. 케이블 연결은 아래와 같은 방법으로 연결합니다.

아두이노	단색 LED
D13	긴 핀
GND	짧은 핀

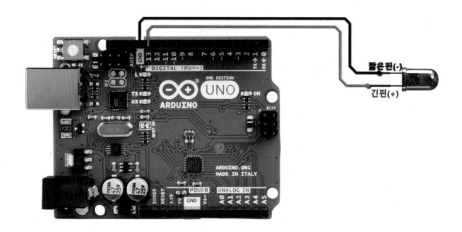

짧은핀(-)
긴핀(+)

2) 스케치

① 아두이노 IDE를 실행합니다.
[파일]-[예제]-[01.Basics]-
[Blink]를 클릭합니다.

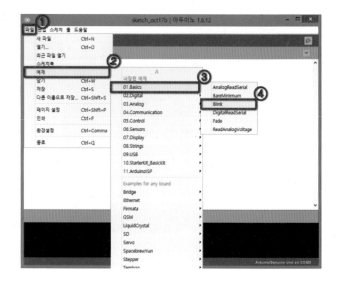

② Blink 코드가 열리면 아두이노
보드에 전송을 위해 [업로드]
를 클릭합니다.

③ 프로그램 하단에 '업로드 완료' 메시지가 나오면 아두이노 보드에 작성한 스케치 업로드가 완료된 상태입니다. 아두이노 보드 디지털 13번 핀에 연결한 LED가 1초 간격으로 켜지고 꺼지는 것을 확인할 수 있습니다.

3) 스케치 분석

아두이노 스케치는 크게 두 부분으로 나눌 수 있습니다. setup( )과 loop( )로 아두이노 스케치에서는 반드시 있어야하는 항목입니다. setup( )은 설치(설정)의 의미로 아두이노에 전원이 공급되었을 때 한 번에 한해 실행되어야할 내용을 기록하게 됩니다. loop( )는 반복해 실행해야할 내용이 등록되는 부분입니다. 그리고 아두이노 스케치에서는 대·소문자를 구분하기 때문에 꼭 구분하여 입력해야 합니다.

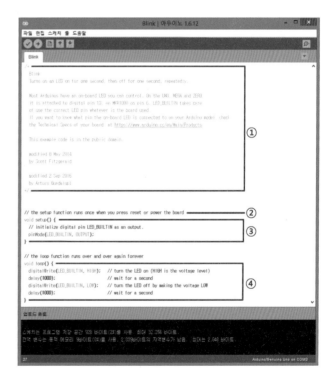

① 스케치 내용 중 /*로 시작하고 */로 끝나는 부분까지는 주석을 의미합니다. 주석은 아두이노 보드로 업로드시 실행되지 않는 부분을 의미합니다. 주로 스케치 동작 내용을 설명하기 위해 작성합니다. 설명 내용이 많아 여러 줄에 걸쳐 작성할 경우에 설명글 시

작 부분에 /*를 입력 후 작성하고, 설명글 끝 부분에 */를 입력해 주석을 표시합니다.

② // 오른쪽 내용도 주석을 의미합니다. 설명 내용이 짧은 한 줄일 경우에는 설명글 왼쪽에 //를 입력하고 작성하면 됩니다.

③ **void setup()**은 아두이노 보드에서 처음 한번만 실행될 내용을 기록하는 곳입니다. {부터 }까지가 내용에 해당합니다. pinMode(LED_BUILTIN, OUTPUT); //pinMode는 아두이노 보드에 존재하는 핀의 모드(입력인지, 출력인지)를 설정하는 명령어입니다. pinMode(핀 번호, INPUT/OUTPUT); 형태로 사용합니다. 핀 번호는 숫자(0~13)를 입력합니다. 참고로 LED_BUILTIN은 아두이노 보드에 내장된 LED와 연결된 13번 핀을 의미합니다. LED_BUILTIN 대신 13으로 입력해도 됩니다. 참고로 INPUT 모드에서 아두이노에 내장된 저항을 이용할 때에는 INPUT_PULLLUP을 이용할 수 있습니다.

④ **void loop()**는 아두이노 보드에서 반복해서 실행할 내용을 기록하는 곳입니다. {부터 }까지가 내용에 해당합니다. digitalWrite(LED_BUILTIN, HIGH); //digitalWrite는 지정한 디지털 핀으로 출력을 내보내는 명령어입니다. digitalWrite(핀 번호, LOW/HIGH); 형태로 사용합니다. LOW는 전압을 차단할 때 사용하며, HIGH는 전압을 공급할 때 사용합니다. 이 명령어는 13번 핀에 전압을 공급하라는 명령어입니다.delay(1000); //delay는 시간을 지체시키다, 연기하다는 의미로 시간을 지속시키기 위한 명령어입니다. delay(1000);은 1000밀리 초를 의미하는 것으로 1초를 의미합니다. 2초는 delay(2000);, 0.5초는 delay(500); 으로 표기합니다.

void loop() 내용을 정리해보면 다음와 같습니다.

digitalWrite(13, HIGH);	// 13번 핀에 전압 공급
delay(1000);	// 1초 동안 유지
digitalWrite(13, LOW);	// 13번 핀에 전압 차단
delay(1000);	// 1초 동안 유지

위 스케치를 다음과 같이 수정해도 같은 동작을 할 수 있습니다.

```
digitalWrite(13, HIGH);            // 13번 핀에 전압 공급
delay(1000);                       // 1초 동안 유지
digitalWrite(13, LOW);             // 13번 핀에 전압 차단
delay(1000);                       // 1초 동안 유지
```

위 스케치 중 HIGH, LOW 대신해 1, 0을 사용해도 같은 동작을 할 수 있습니다. 하지만 아두이노에서는 1, 0보다는 HIGH, LOW로 기록하는 방법이 많이 사용됩니다. 스케치 내용에서 1, 0 보다는 HIGH, LOW가 쉽게 구분되고 이해될 수 있기 때문입니다.

```
digitalWrite(13, 1);               // 13번 핀에 전압 공급
delay(1000);                       // 1초 동안 유지
digitalWrite(13, 0);               // 13번 핀에 전압 차단
delay(1000);                       // 1초 동안 유지
```

2.2 아두이노 스케치 작성하기

이번에는 직접 코딩을 통해 LED를 제어해보겠습니다.

프로젝트 명	LED를 설정한 시간동안 켜기/끄기를 반복하기
필요 부품	부품과 아두이노 보드 연결은 이전 프로젝트와 동일
업로드 결과	13번 핀에 연결한 LED가 1초 동안 켜지고, 1초 동안 꺼지기를 반복합니다.

1) 스케치작성

① [파일]-[새 파일]을 클릭합니다. 새 스케치 작성 창이 나오면 아래와 같은 스케치를 작성합니다.(대·소문자 구분 주의)

```
void setup() {
    pinMode(13, OUTPUT);              // 13번 핀을 출력모드로 설정
}

void loop() {
    digitalWrite(13, HIGH);          // 13번 핀에 전압 공급
    delay(500);                      // 0.5초 동안 유지
    digitalWrite(13, LOW);           // 13번 핀에 전압 차단
    delay(500);                      // 0.5초 동안 유지
    digitalWrite(13, HIGH);          // 13번 핀에 전압 공급
    delay(1000);                     // 1초 동안 유지
    digitalWrite(13, LOW);           // 13번 핀에 전압 차단
    delay(1000);                     // 1초 동안 유지
    digitalWrite(13, HIGH);          // 13번 핀에 전압 공급
    delay(2000);                     // 2초 동안 유지
    digitalWrite(13, LOW);           // 13번 핀에 전압 차단
    delay(2000);                     // 2초 동안 유지
}
```

② 코드 작성이 완료되면 [업로드]를 클릭합니다.

③ 스케치 저장 창이 나오면 [저장]을 클릭합니다. 작성한 스케치를 저장해야 아두이노 보드에 업로드를 할 수 있습니다.

④ 스케치 업로드가 완료되었습니다. 컴퓨터에 연결된 아두이노 보드가 코딩한 내용대로 작동하는지 확인합니다.

2.3 여러 개의 LED 제어하기

이번에는 코딩을 통해 여러 개의 LED를 제어해보겠습니다.

프로젝트 명	신호등(빨강, 초록, 노란색 LED로 번갈아가며 LED를 켜고 끄기) 만들기
필요 부품	아두이노 보드, 단색 빨강LED, 노랑 LED, 초록 LED, 케이블(암수) 
업로드 결과	초록 LED가 2초 동안 켜지고, 노랑 LED가 1초 동안 켜진 후, 빨간 LED가 2초 동안 켜지는 신호등 형태의 LED를 만들 수 있습니다.

1) 연결 구성도

아두이노 보드에 3개의 단색 LED를 연결해보겠습니다. 케이블 연결은 다음과 같은 방법으로 연결합니다.

아두이노	빨간색 LED	노란색 LED	초록색 LED
D13	긴 핀		
D12		긴 핀	
D11			긴 핀
GND	짧은 핀	짧은 핀	짧은 핀

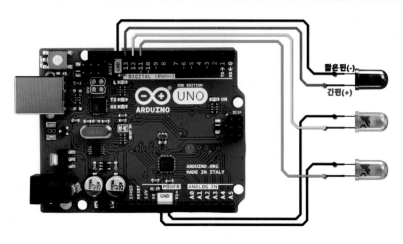

2) 스케치

아래 스케치를 작성 후 아두이노 보드에 업로드 합니다.(대·소문자 구분 주의)

```
void setup() {
    pinMode(11, OUTPUT);              // 11번 핀을 출력모드로 설정
    pinMode(12, OUTPUT);              // 12번 핀을 출력모드로 설정
    pinMode(13, OUTPUT);              // 13번 핀을 출력모드로 설정
}

void loop() {
    digitalWrite(11, HIGH);          // 11번 핀에 전압 공급
    delay(2000);                     // 2초 동안 유지
    digitalWrite(11, LOW);           // 11번 핀에 전압 차단
    digitalWrite(12, HIGH);          // 12번 핀에 전압 공급
    delay(1000);                     // 1초 동안 유지
    digitalWrite(12, LOW);           // 12번 핀에 전압 차단
    digitalWrite(13, HIGH);          // 13번 핀에 전압 공급
    delay(2000);                     // 2초 동안 유지
    digitalWrite(13, LOW);           // 13번 핀에 전압 차단
}
```

2.4 시리얼 모니터 사용하기

시리얼 모니터는 작성한 코드 내용의 처리 과정과 설정된 값을 확인하기 위한 기능으로 아두이노의 모니터를 대신하는 역할을 합니다. 예를 들면 LED의 현재 상태를 보여주거나 센서에서 읽은 값을 표시하고, 변수에 저장된 값을 확인하는 등의 용도로 사용할 수 있습니다. 참고로 아두이노 IDE 1.8.2 버전부터는 시리얼 모니터에서 한글 사용이 가능합니다. 이전버전에서는 영어와 숫자로 필요한 값을 나타내야 합니다.

프로젝트 명	LED 상태를 시리얼 모니터에 표시하기
필요 부품	부품과 아두이노 보드 연결은 이전 프로젝트와 동일
업로드 결과	13번, 12번, 11번 핀에 연결된 LED의 상태를 시리얼 모니터로 확인할 수 있습니다.

1) 스케치작성

① 아래 스케치를 작성 후 아두이노에 업로드 합니다.(대·소문자 구분 주의)

```
void setup() {
    pinMode(11, OUTPUT);              // 11번 핀을 출력모드로 설정
    pinMode(12, OUTPUT);              // 12번 핀을 출력모드로 설정
    pinMode(13, OUTPUT);              // 13번 핀을 출력모드로 설정
    Serial.begin(9600);              // 시리얼 Baudrate 9600으로 설정
}

void loop() {
    digitalWrite(11, HIGH);          // 11번 핀에 전압 공급
    Serial.println("11 pin On");     // 시리얼 모니터에 따옴표 내용 인쇄
    delay(2000);                     // 2초 동안 유지
    digitalWrite(11, LOW);           // 11번 핀에 전압 차단
    digitalWrite(12, HIGH);          // 12번 핀에 전압 공급
    Serial.println("12 pin On");     // 시리얼 모니터에 따옴표 내용 인쇄
    delay(1000);                     // 1초 동안 유지
    digitalWrite(12, LOW);           // 12번 핀에 전압 차단
    digitalWrite(13, HIGH);          // 13번 핀에 전압 공급
    Serial.println("13 pin On");     // 시리얼 모니터에 따옴표 내용 인쇄
    delay(2000);                     // 2초 동안 유지
    digitalWrite(13, LOW);           // 13번 핀에 전압 차단
    }
```

2) 스케치 분석

Serial.begin(9600);

시리얼 통신 속도를 9600(1초에 9600비트 전송)으로 설정합니다.

Serial.println(" ");

시리얼 모니터에 따옴표 내의 내용을 출력하고 커서를 다음 줄로 이동합니다.

3) 스케치 참고

Serial.print(" ");

시리얼 모니터에 따옴표 내의 내용을 출력합니다.

Serial.available();

시리얼 포트의 버퍼에 저장된 자료를 체크하는 함수입니다.

Serial.read();

시리얼 모니터에서 입력한 값을 읽어오는 함수입니다.

Serial.ParseInt();

버퍼에 저장된 내용 중 정수만 읽어오는 함수입니다.

4) 스케치 실행 결과

스케치를 아두이노 보드에 업로드 합니다. 업로드가 완료되면 [시리얼 모니터]를 클릭합니다. 시리얼 모니터에 Serial.println(" ")의 따옴표 안 내용이 표시됩니다.

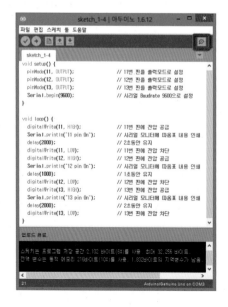

2.5 디지털 핀의 상태 값 시리얼 모니터에 프린트하기

이번에는 디지털 버튼의 상태를 읽어와 시리얼 모니터에 프린트하는 스케치를 작성해 보겠습니다.

프로젝트 명	시리얼 모니터에 버튼 상태 표시하기
필요 부품	아두이노 보드, 버튼 모듈, 케이블(암수) 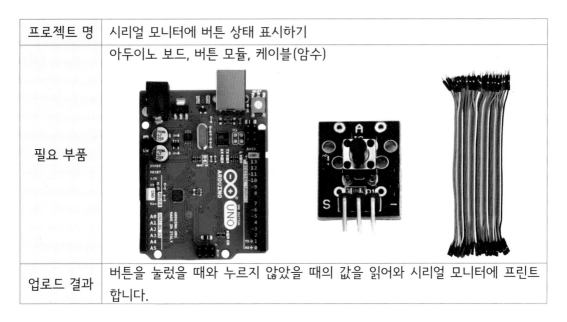
업로드 결과	버튼을 눌렀을 때와 누르지 않았을 때의 값을 읽어와 시리얼 모니터에 프린트 합니다.

1) 연결 구성도

아래와 같이 아두이노와 버튼 모듈을 연결합니다.

아두이노	버튼 모듈
D7	S(Signal)
5V	+(VCC, 5V)
GND	-(G, GND)

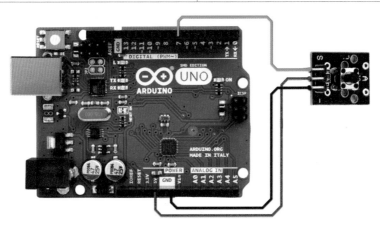

2) 스케치

아래 스케치를 작성 후 아두이노에 업로드 합니다.(대·소문자 구분 입력)

```
void setup() {
  pinMode(7, INPUT);              // 7번핀을 입력모드로 설정(INPUT_PULLUP)
  Serial.begin(9600);            // 시리얼 Baudrate 9600으로 설정
}
void loop() {
  Serial.println(digitalRead(7));  // 시리얼 모니터에 버튼 값 프린트
  delay(10);                     // 0.01초 지연
}
```

3) 스케치 분석

Serial.println(digitalRead(7));

디지털 7번 핀의 값을 읽어와 시리얼 모니터에 프린트하는 명령어입니다. 디지털 핀의 값은 연결된 버튼 모듈의 버튼이 눌렸는지 눌리지 않았는지를 0과 1로 표시합니다. 버튼 또는 모듈의 종류에 따라 버튼을 눌렀을 때 1이 표시되는 경우가 있고, 반대로 누르지 않았을 때 1이 표시되는 경우도 있습니다.

4) 스케치 실행 결과

스케치를 아두이노 보드에 업로드 합니다. 업로드가 완료되면 [시리얼 모니터]를 클릭합니다. 시리얼 모니터에 버튼 모듈의 상태 정보가 프린트됩니다. 참고로 버튼 모듈에 따라 버튼을 누른 상태 값(1)과 버튼을 누르지 않은 상태 값(0)이 반대로 나오는 경우도 있습니다.

조건과 반복으로 제어하기

3.1 조건에 따른 제어(if)

앞서 테스트해본 스케치에서 3개의 LED를 순서대로 제어하는 스케치의 경우 코드가 길어집니다. 반복문을 이용하면 반복되는 동작의 긴 스케치를 짧게 만들 수 있습니다. 또한 조건에 따라 서로 다른 동작을 하도록 하려면 조건문, 반복문을 활용해야 합니다. 아두이노 스케치에서 사용하는 조건 및 반복 제어에 대해 알아보겠습니다. 먼저 우리 일상생활에서 조건에 따른 다른 결과를 실행할 수 있도록 하는 예를 알아보겠습니다.

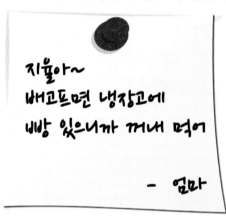

이 문장을 순서대로 나열하면 다음과 같습니다. 그리고 순서대로 나열한 내용을 좀 더 구체적인 행동별로 구분해 작성해봅니다.

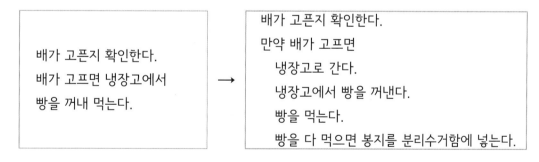

이렇게 우리 일상에는 조건에 따른 다른 행동을 해야 하는 경우가 많습니다. 아두이노 스케치에서 위 조건을 비교해 다른 결과를 실행할 수 있는 if 명령을 이용하면 다음과 같습니다.

```
if(조건) {
    조건이 참일 때 실행할 내용;
}
```

→

```
if(배가고프다) {
    냉장고로 간다;
    빵을 꺼낸다;
    빵을 먹는다;
    빵 봉지를 분리수거함에 넣는다;
}
```

두 번째로 두 가지 조건에 따라 다른 내용을 실행하도록 하는 내용에 대해 알아보겠습니다.

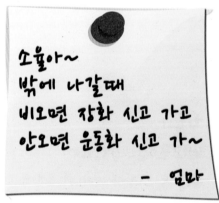

이 문장을 순서대로 나열하고 구체적인 내용을 구성하면 다음과 같습니다.

```
날씨가 비가 오는지 확인한다.
비가 오면 장화를 신고 나간다.
비가 안 오면 운동화를 신고 나간다.
```

→

```
날씨를 확인한다.
만약 비가 오면
    신발장에서 장화를 꺼내 신는다.
만약 비가 안 오면
    신발장에서 운동화를 꺼내 신는다.
신발을 신었으면 밖으로 나간다.
```

아두이노 스케치에서 위 두 가지 조건을 비교해 다른 결과를 실행하고자 할 때 사용하는 명령은 다음과 같습니다.

```
if(조건1) {
    조건1이 참일 때 실행할 내용;
}
else {
    조건1이 거짓일 때 실행할 내용;
}
```

→

```
if(날씨가 비가 온다) {
    신발장에서 장화를 꺼내 신는다;
}
else {
    신발장에서 운동화를 꺼내 신는다;
}
밖으로 나간다;
```

이번에는 좀 더 여러 가지 조건에 따라 다른 내용을 실행하도록 하는 내용에 대해 알아보겠습니다.

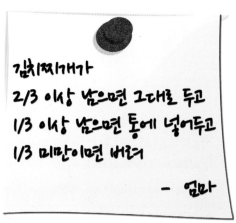

이 문장을 순서대로 나열하고 구체적으로 내용을 구성하면 다음과 같습니다.

김치찌개의 양을 확인한다. 2/3 이상이면 그대로 둔다. 1/3 이상이면 통에 넣어둔다. 1/3 미만이면 버린다.	김치찌개를 확인한다. 만약 2/3 이상이면 　김치찌개를 그대로 둔다. 만약 1/3 이상이면 　김치찌개를 통에 넣어둔다. 만약 1/3 미만이면 　김치찌개를 버린다.

아두이노 스케치에서 위 두 가지 이상의 조건을 비교해 다른 결과를 실행하고자 할 때 사용하는 명령은 다음과 같습니다.

```
if(조건1) {
    조건1이 참일 때 실행할 내용;
}
else if(조건2) {
    조건2가 참일 때 실행할 내용;
}
else {
    조건1, 2가 거짓일 때 실행할 내용;
}
```

```
if(김치찌개의 양 2/3 이상) {
    그대로 둔다;
}
else if(김치찌개의 양 1/3 이상) {
    통에 넣어둔다;
}
else {
    버린다;
}
```

위 명령 문 중에서 else if는 조건의 개수에 따라 여러 번 사용이 가능합니다.

3.2 조건에 따른 제어(switch-case)

switch-case 조건문은 if 조건문과 비슷한 구조로 사용할 수 있습니다. if는 여러 개의 조건으로 비교할 수 있지만 switch-case 제어문은 하나의 조건을 비교한 결과 값이 여러 개일 때 사용하면 좋습니다.

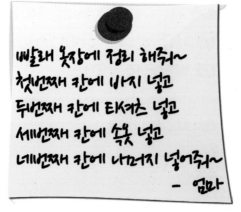

```
switch (조건식)
case 값1:
    값1일 때 실행될 내용;
    break;
case 값2:
    값2일 때 실행될 내용;
    break;
...
default:
    위 조건들 외 실행될 내용;
    break;
```

→

```
switch (옷장 칸)
case 1:
    바지 넣기;
    break;
case 2:
    티셔츠 넣기;
    break;
case 3:
    속옷 넣기;
    break;
default:
    나머지 넣기;
    break;
```

 Memo

3.3 반복에 따른 제어(for)

　일상생활에서 반복하는 내용을 사용하는 경우는 많습니다. 예를 들면 '건강을 위해 하루 100개씩 팔굽혀 펴기 하기', '영어 단어를 외우기 위해 10번씩 쓰고 읽어보기', '하루에 10번 물 마시기' 등이 있습니다. 아두이노에서 반복적인 작업을 좀 더 효율적으로 처리할 수 있는 방법에 대해 알아보겠습니다. 다음과 같은 내용을 아두이노에서 실행한다고 했을 때 기존에 배웠던 방법과 반복문을 사용했을 때의 결과를 비교해보겠습니다.

팔굽혀펴기 하기;
팔굽혀펴기 하기;
팔굽혀펴기 하기;
팔굽혀펴기 하기;
팔굽혀펴기 하기;
팔굽혀펴기 하기;
팔굽혀펴기 하기;
팔굽혀펴기 하기;
팔굽혀펴기 하기;
팔굽혀펴기 하기;
	→	for(초기값 ; 조건 ; 값증감) {
		　실행할내용;
		}
		
		for(int i=1 ; i<=10 ; i++) {
		　팔굽혀펴기 하기;
		}

　10줄의 반복 내용을 for 제어문을 이용하면 2~3줄로 실행하도록 할 수 있습니다. 그래도 for 제어문이 어려워 10번을 직접 작성해 사용하겠다는 생각을 가진 분이 계실 수 있습니다. 그런 분들에게는 '팔굽혀펴기를 100번 하기' 내용을 실행하는 코드를 작성해보라고 하고 싶습니다. 이때에도 100줄의 내용을 작성해 동작을 할 수 있도록 구성할 수 있으나 for 제어문을 이용하면 2~3줄로 구성이 가능합니다. 이렇게 정해진 횟수만큼 반복해야할 때 사용하는 것이 바로 for 제어문의 용도입니다. for 제어문의 형식은 아래와 같습니다.

```
for(변수 선언 및 초기 값 설정 ; 실행될 횟수의 조건 지정 ; 변수의 값 증가 또는 감소) {
    조건에 맞을 경우 실행할 내용;
}
```

```
void setup() {
  Serial.begin(9600);                 // 시리얼모니터 Baudrate 설정
}

void loop() {
  for(int i=1;i<=10;i++) {            // 1부터 10까지 1씩 증가시키며 반복
    Serial.print("Pushup : ");        // 시리얼 모니터에 'Pushup : ' 프린트
    Serial.println(i);                // 시리얼 모니터에 변수 i 값 프린트
  }
  delay(1000);                        // 1초 지연
}
```

1) 스케치 분석

int i=0

int는 변수의 타입 입니다. int는 integer의 약어로 정수형 값을 저장하기 위한 변수 타입니다. i=0 항목은 i 변수에 초기 값 0을 설정하는 명령입니다. 변수 타입은 아래와 같은 종류가 있습니다.

변수 타입	저장 가능 값
int	정수형 데이터(-32,768~32,767)
long	정수형 데이터(-2,147,483,648~2,147,483,647)
byte	부호 없는 숫자(0~255)
float	실수형 데이터(소수점을 사용하는 숫자)를 저장
char	하나의 문자를 저장
string	문자열을 저장
array[]	배열 값 저장
const	상수 선언(변하지 않는 고정된 값)

i<=10

변수 i의 값이 10보다 작거나 같을 때까지 반복하라는 조건입니다.

i++

변수 i가 현재 가지고 있는 값에 1을 더해 변수 i에 저장하는 명령어입니다. 즉 i+1=i와 같습니다. 코딩에서는 결과를 저장할 변수를 먼저 쓰고 계산식을 뒤에 사

용하므로 i=i+1로 표현할 수 있습니다. 이 문장을 더 짧게 표현한 것이 i++입니다. 증가하거나 감소하는 값은 사용자가 원하는 값으로 설정할 수 있습니다.

i ++	i = i+1	i값에 1을 더한 값을 i에 저장
i--	i = i-1	i값에서 1을 뺀 값을 i에 저장
i+=5	i = i+5	i값에 5를 더한 값을 i에 저장
i-=5	i = i-5	i값에서 5를 뺀 값을 i에 저장
i *= j	i = i*j	i값과 j값을 곱해 i에 저장
i /= j	i = i/j	i값을 j값으로 나눈 몫을 i에 저장
i %= j	i = i%j	i값을 j값으로 나눈 나머지를 i에 저장

• 알아두세요~

반복 제어에 사용하는 while( )도 있습니다. 반복해 실행할 때에는 for 제어문을 많이 사용하지만 횟수를 정확히 알 수 없는 반복 실행은 while 제어문을 사용합니다. 예를 들면 '땀이 날 때까지 운동하기', '책 한권 모두 읽기', '이길 때까지 게임하기' 등이 있습니다. 횟수를 정확히 기록하기 어려운 경우에 사용합니다.

3.4 기타 제어문

대부분의 제어는 if와 for로 가능합니다. 하지만 필요에 따라 추가 제어문을 사용해야 하는 경우도 있습니다. while, do while은 조건에 맞춰 반복 실행시 사용합니다.

```
while(조건)
{
    조건이 참일 때 실행할 내용;
}
```

```
var = 0;
while(var < 200){
    var++;
}
```

```
do {
    조건이 참일 때 실행할 내용;
} while(조건);
```

```
do {
    x = readSensors();
} while (x < 100);
```

while과 do while의 차이점은 while의 경우 조건을 먼저 비교하기 때문에 조건에 맞지 않는 경우는 실행을 하지 않지만 do while의 경우 무조건 한번 실행 후 조건을 비교해 추가 실행 여부가 결정되는 방식입니다.

3.5 버튼으로 LED 켜고 끄기

이번에는 디지털 버튼의 상태를 읽어와 시리얼 모니터에 프린트하는 스케치를 작성해 보겠습니다.

프로젝트 명	버튼으로 LED 켜기
필요 부품	아두이노 보드, 버튼 모듈, LED, 케이블(암수) 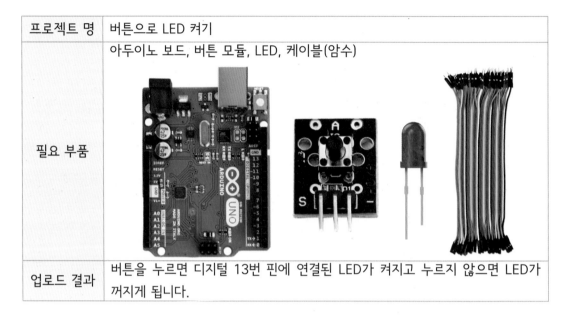
업로드 결과	버튼을 누르면 디지털 13번 핀에 연결된 LED가 켜지고 누르지 않으면 LED가 꺼지게 됩니다.

1) 연결 구성도

아래와 같이 아두이노와 버튼 모듈을 연결합니다.

아두이노	버튼 모듈	아두이노	LED
D7	S(Signal)	D13	긴 핀
5V	+	GND	짧은 핀
GND	-		

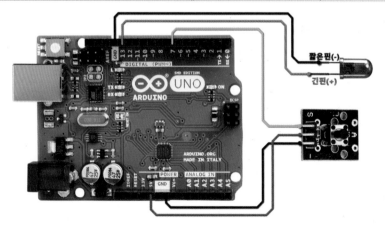

2) 스케치

아래 스케치를 작성 후 아두이노에 업로드 합니다.(대·소문자 구분 주의)

```
void setup() {
  pinMode(7, INPUT);              // 7번 핀을 입력 모드로 설정
  pinMode(13, OUTPUT);            // 13번 핀을 출력 모드로 설정
}

void loop() {
  if(digitalRead(7)){             // 7번 핀 값이 1(버튼이 눌리면)이 되면
    digitalWrite(13, HIGH);       // 13번 핀 LED 켜기
  }
  else {                          // 7번 핀 값이 1이 아니면
    digitalWrite(13, LOW);        // 13번 핀 LED 끄기
  }
  delay(10);
}
```

3) 스케치 분석

pinMode(7, INPUT);

　　디지털 7번 핀을 입력 모드로 설정합니다. 참고로 버튼 모듈에 저항이 없거나 모듈이 아닌 버튼을 직접 연결하는 경우에도 별도의 저항 연결없이 pinMode(7, INPUT_PULLUP); 으로 입력하면 아두이노 보드에 내장된 저항을 이용할 수 있습니다.

if(digitalRead(7)) { digitalWrite(13, HIGH); }

　　디지털 7번 핀의 값을 읽어 1(버튼을 누른 상태)이면 { } 안의 내용을 실행(13번 LED 켜기)합니다. 버튼을 누르지 않은 상태에서 LED가 켜진다면 if 문의 조건 항목을 (!digitalRead(7))로 변경합니다. 스위치는 풀업 스위치와 풀다운 스위치가 있습니다. 풀업 스위치는 스위치를 누르면 Signal 값이 0이 되고, 풀다운 스위치는 스위치를 누르면 Signal 값이 1이됩니다. 용도에 따라 다르지만 일반적으로 풀다운 스위치가 많이 사용됩니다.

else { digitalWrite(13, LOW); }

　　디지털 7번 핀의 값이 1이 아니면(버튼을 누르지 않은 상태) { } 안의 내용을 실행(13번 LED 끄기)합니다.

3.6 시리얼 입력으로 LED 켜고 끄기

앞서 배웠던 조건문을 이용해 아두이노를 제어하는 방법에 대해 알아보겠습니다. 시리얼 모니터는 값을 출력하기도 하지만 필요에 따라 값을 입력해 아두이노를 제어할 수 있습니다. 시리얼 입력으로 LED를 켜고 끄는 스케치를 작성해보겠습니다.

프로젝트 명	시리얼 모니터 입력으로 LED 켜고 끄기
필요 부품	아두이노 보드, 단색 빨강LED, 케이블(암수) 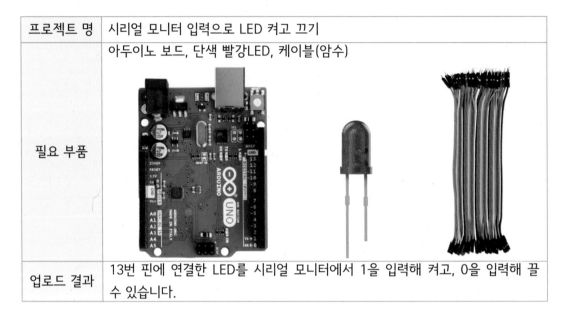
업로드 결과	13번 핀에 연결한 LED를 시리얼 모니터에서 1을 입력해 켜고, 0을 입력해 끌 수 있습니다.

1) 연결 구성도

아두이노 보드에 LED를 연결해보겠습니다. 케이블 연결은 아래와 같은 방법으로 연결합니다.

아두이노	단색 LED
D13	긴 핀
GND	짧은 핀

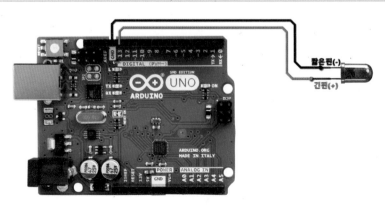

2) 스케치

아래 스케치를 작성 후 아두이노에 업로드 합니다.(대·소문자 구분 주의)

```
void setup() {
  Serial.begin(9600);              // 시리얼 Baudrate 설정
  pinMode(13, OUTPUT);             // 13번 핀을 출력모드로 설정
}

void loop() {
  if (Serial.available()) {        // 시리얼 모니터의 입력이 있는지 체크
    char inChar = Serial.read();   // 시리얼 모니터 입력 값을 inChar 변수에 저장
    if(inChar == '1') {            // inChar과 '1'이 같은지 비교
      digitalWrite(13, HIGH);      // 같으면 13번 핀의 LED를 켬
    }
    else if(inChar == '0') {       // inChar과 '0'이 같은지 비교
      digitalWrite(13, LOW);       // 같으면 13번 핀의 LED를 끔
    }
  }
}
```

3) 스케치 분석

Serial.available()

시리얼 모니터에서 입력한 값이 있는지 체크하는 함수로 입력 값이 있으면 참, 없으면 거짓이 됩니다.

char inChar = Serial.read();

char inChar는 변수를 선언하는 부분입니다. 시리얼 모니터에서 Serial.read() 함수를 이용해 입력한 값을 가져와 inChar 변수에 저장합니다. 시리얼 모니터에서 입력한 값은 숫자를 입력해도 문자로 전달하기 때문에 문자형 변수 inChar에 값을 넣습니다.

if(inChar == '1')

inChar 변수의 값과 글자 '1'이 같은지 비교해 같으면 { } 안의 내용을 실행하고 틀리면 else if 제어문으로 진행하게 됩니다. inChar 변수는 문자형 변수이기 때문에 값을 비교시 홑 따옴표(' ')로 값을 씌워 비교합니다. 값 비교시사용하는 비교 연산자는 같다(==), 크거나같다(<=), 작거나같다()=), 같지않다(!=) 등이 있습니다.

else if(inChar == '0')

inChar 변수의 값과 글자 '0'이 같은지 비교해 같으면 { } 안의 내용을 실행하고 틀리면 별다른 내용 실행 없이 끝내게 됩니다.

4) 실행 결과

시리얼 모니터를 실행해 상단 입력 창에 1, 또는 0을 입력해 LED가 켜지거나 꺼지는지 확인해봅니다.

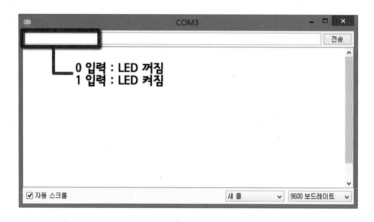

3.7 서서히 켜지고 꺼지는 LED 만들기

디지털 방식의 전원은 on(1)/off(0)로만 구성됩니다. LED에 전원을 공급하면 켜지고, 전원을 차단하면 꺼집니다. 아두이노는 5v를 지원하므로 전원을 공급하면 5v, 전원을 차단하면 0v가 됩니다. LED의 밝기를 조절하기 위해서는 1v, 2v, 3v, 4v, 5v 등으로 전압을 조절할 수 있어야 합니다. 아두이노에서는 PWM(Pulse Width Modulation)을 통해 지원하고 있습니다.

아두이노 보드에서 PWM을 지원하는 핀은 핀 번호 앞에 틸드(~) 표시가 있는 디지털 3, 5, 6, 9, 10, 11번 핀입니다.

PWM 기능을 이용해

PWM지원 핀(~)
(3,5,6,9,10,11)

LED의 밝기를 조절해보겠습니다.

프로젝트 명	서서히 켜지고 꺼지는 LED 제어하기
필요 부품	아두이노 보드, 단색 빨강LED, 케이블(암수) 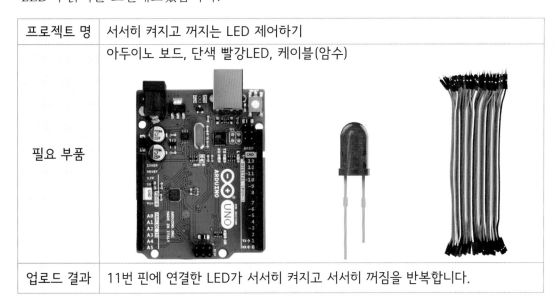
업로드 결과	11번 핀에 연결한 LED가 서서히 켜지고 서서히 꺼짐을 반복합니다.

1) 연결 구성도

아두이노 보드에 LED를 다음과 같이 연결합니다.

아두이노	단색 LED
D11	긴 핀
GND	짧은 핀

2) 스케치

아래 스케치를 작성 후 아두이노에 업로드 합니다.(대·소문자 구분 주의)

```
void setup() {
  pinMode(11, OUTPUT);
}

void loop() {
  for (int i=0; i<=255;i++){          // 0부터 255까지 1씩 증가
    analogWrite(11,i);                // 11번 핀에 PWM(0~255) 적용
    delay(20);                        // 0.02 초에 한 단계씩 밝기 증가
  }
  for (int j=255; j>=0;j--){          // 255부터 0까지 1씩 감소
    analogWrite(11,j);                // 11번 핀에 PWM(255~0) 적용
    delay(20);                        // 0.02 초에 한 단계씩 밝기 감소
  }
}
```

3) 스케치 분석

for (int i=0; i<=255;i++)

변수 i 선언과 함께 0으로 값을 설정한 후 256보다 작을 때까지 1씩 증가시킵니다.

analogWrite(11,i);

analogWrite()는 PWM을 사용하기 위한 명령입니다. digitalWrite()의 경우 HIGH, LOW만 사용해 전원을 공급하고 차단하는 것만 가능하지만 analogWrite()의 경우는 0~255까지 값으로 전원 공급을 제어할 수 있습니다. 0은 0v, 255는 5v로 이해하시면 됩니다. 뒷부분에서 다루게 되는 모터 속도 제어 등에서 다시 사용합니다.

4) 응용하기

· 빛의 밝기 조절 속도를 빠르게 또는 느리게 조절해보세요.
· 버튼 모듈을 연결해 버튼을 누르면 서서히 켜지고 꺼지도록 만들어봅니다.

> **• 알아두세요~**
>
> 아두이노 보드에 저항을 연결하지 않고 LED를 직접 연결해도 괜찮을까요? 아두이노의 디지털 핀에 공급되는 최대 전류량은 40mA입니다. 그러므로 저항없이 LED를 연결해도 크게 문제되지 않습니다. 하지만 실 사용시에는 과전류가 흐르는 것을 대비해 저항을 연결하는 것이 안전한 방법입니다.

4절 # 센서 활용하기

4.1 가변 저항으로 LED 빛 조절하기

가변 저항이란 저항 값을 임의로 바꿀 수 있는 기기를 말합니다. 가변저항을 사용하여 저항을 바꾸면 전류의 크기도 바뀌게 되며 형태로는 1회전형 가변저항, 반고정 가변저항, 직동형 가변 저항 등이 있습니다. 1회전형 가변저항을 가장 많이 사용하는데 음향기기의 볼륨을 제어하는 용도로 많이 사용됩니다. 볼륨조절 뿐만 아니라 일정한 값의 변화를 줄 때 많이 사용합니다.

1회전형 가변저항　　　　**반고정 가변저항**　　　　**직동형 가변저항**

1회전형 가변 저항을 이용해 LED의 밝기를 조절하는 내용을 구현해보겠습니다.

프로젝트 명	가변저항으로 LED 빛 제어하기
필요 부품	아두이노 보드, 1회전형 가변저항, 빨간색 LED, 케이블(암수) 
업로드 결과	11번 핀에 연결한 LED가 가변저항의 레버 조절로 서서히 켜지고 서서히 꺼지도록 제어할 수 있습니다.

1) 연결 구성도

가변저항에는 핀 설명이 없습니다. 다음 내용을 참고하세요.

아두이노	1회전형 가변저항	아두이노	단색 LED
A0	A0	D11	긴 핀
5V	5V	GND	짧은 핀
GND	GND		

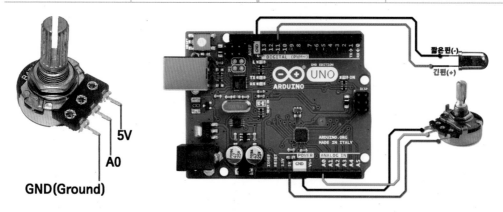

2) 스케치

```
int LED =11;                     // 변수 LED에 11번 핀 번호 설정
void setup() {
  pinMode(LED, OUTPUT);
}
void loop() {
  int readVal = analogRead(A0);  // 아날로그 A0에서 읽은 값을 readVal 변수에 저장
  int brightVal = readVal / 4;   // readVal 값을 4로 나눈 결과를 brightVal에 저장
  analogWrite(LED, brightVal);   // LED를 PWM을 적용해 밝기 조절
  delay(10);
}
```

3) 스케치 분석

int LED =11;

정수형 변수 LED를 선언하고 값을 11로 설정합니다. loop() 안에서 필요시 LED 핀 번호인 11을 입력해 작성하면 되는데 왜 상단에 변수를 선언하고 사용할까요? 그 이유는 크게 두 가지입니다. 첫 번째는 코드의 내용을 쉽게 파악하기 위해서입니다. 상단에 사용하는 핀 번호를 변수를 선언해 기록해놓으면 코드를 처음 보는 사람들도 쉽게 LED가 11번에 저항은 A0에 연결되어 있다는 것을 파악할 수 있습니다. 두 번째는 코드 수정을 쉽게 하기 위해서입니다. 예를 들어 loop() 내에서 같

은 핀 번호를 여러 번 사용하는 경우가 있습니다. 코드 작성 중 핀 번호를 변경해야할 경우에 loop() 내에 사용한 핀 번호를 모두 수정해야 합니다. 하지만 코드 상단에 정수형 변수로 선언해 놓으면 상단 변수에 저장하는 값만 변경하는 것으로 코드 전체 내용을 수정할 수 있게 됩니다. 코드를 좀 더 효율적으로 사용하기 위해서 사용하는 핀 번호는 상단에 변수로 선언하고 사용하면 좋습니다.

int readVal = analogRead(A0);

아날로그 A0에 연결된 저항에서 값을 읽어와 readVal 변수에 저장하는 문장입니다. 참고로 아날로그 핀에서 읽어오는 값은 0~1023의 정수입니다.

int brightVal = readVal / 4;

디지털 LED 밝기를 PWM을 이용해 조절할 경우 사용 가능한 값은 0~255까지입니다. 아날로그 센서에서 읽어온 값은 0~1023까지 이므로 이 값을 디지털 LED에서 사용 가능한 0~255의 값으로 변경해 주어야 합니다. 아날로그 센서에서 읽어온 값이 4배이므로 4로 나누어야 디지털에서 사용 가능한 범위의 값(0~255)이 됩니다. 참고로 map() 함수를 사용하는 방법도 있습니다. 이 방법은 뒤쪽에서 설명 드리겠습니다.

4.2 사운드(마이크)센서로 LED 켜고 끄기

사운드 센서는 소리의 크기를 측정하는 아날로그/디지털 센서입니다. 사운드 센서에서 아날로그 핀으로 측정된 값을 이용해 LED를 켜거나 끄는 방법을 알아보겠습니다.

프로젝트 명	사운드 센서 값으로 LED 켜고 끄기
필요 부품	아두이노 보드, 사운드 센서 모듈, LED, 케이블(암수)
업로드 결과	사운드 센서에서 소리의 크기를 측정해 값에 따라 LED의 밝기를 조절할 수 있습니다.(시리얼 모니터로 사운드센서 값 확인 가능)

1) 연결 구성도

아두이노와 부품(사운드 센서 모듈, LED)을 아래와 같이연결합니다.

아두이노	사운드 센서 모듈	아두이노	단색 LED
A0	A0	D11	긴 핀
5V	+(VCC, 5V)	GND	짧은 핀
GND	-(G, GND)		

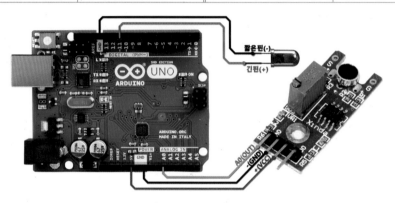

2) 스케치

```
int mSensor = A0;                        // 사운드센서 A0핀 A0에 연결
int ledPin = 11;                         // LED 핀 11번에 연결

void setup() {
  Serial.begin(9600);
  pinMode(ledPin, OUTPUT);
}

void loop() {
  int readValue = analogRead(mSensor);   // A0 사운드센서 값 readVal 변수에 저장
  int lightValue = readValue / 4;        // LED 값으로 사용하기 위해 4로 나눔
  Serial.print("Read Value =  ");
  Serial.println(readValue);             // 시리얼 모니터에 사운드센서 값 프린트
  Serial.print("Light Value =  ");
  Serial.println(lightValue);            // 시리얼 모니터에 LED 밝기 값 프린트
  analogWrite(ledPin, lightValue);       // LED 켜기
  delay(200);
}
```

4.3 리드 스위치 모듈로 문 열림 감지하기

전문적인 경비 업체에 보안 경비를 의뢰하면 창문이나 출입문 등에 작은 센서 장치를 장작합니다. 주로 마그네틱 스위치입니다. 자석을 이용해 전선을 연결하거나 떨어지게해 소리를 내거나 LED를 깜박거리도록 한 형태입니다. 마그네틱 스위치나 리드 스위치를 이용하면 이러한 장치를 쉽게 만들 수 있습니다. 리드 스위치 모듈을 이용해 LED를 켜는 방법을 알아보겠습니다.

프로젝트 명	리드 스위치로 문 열림 감지해 LED 켜기
필요 부품	아두이노 보드, 리드 스위치 모듈, 빨간색 LED, 케이블(암수) 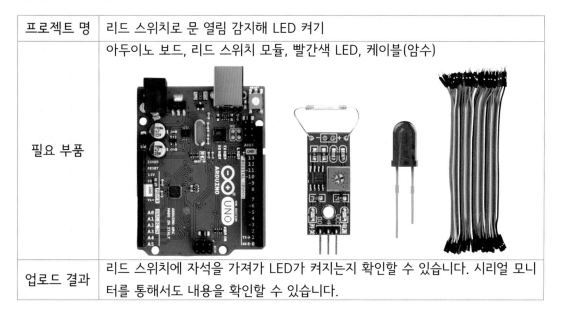
업로드 결과	리드 스위치에 자석을 가져가 LED가 켜지는지 확인할 수 있습니다. 시리얼 모니터를 통해서도 내용을 확인할 수 있습니다.

1) 연결 구성도

아래와 같은 형태로 리드 스위치 모듈과 LED를 연결합니다.

아두이노	리드 스위치 모듈	아두이노	단색 LED
D7	D0(DOUT)	D13	긴 핀
5V	+(VCC, 5V)	GND	짧은 핀
GND	-(G, GND)		

2) 스케치

```
int LED =13;                        // 변수 LED에 13번 핀 번호 설정
int ReedSwitch = 7;                 // 변수 ReedSwitch에 7번 핀 번호 설정
void setup() {
  Serial.begin(9600);               // 시리얼 모니터 Baudrate 설정
  pinMode(LED, OUTPUT);             // LED 핀 출력모드로 설정
}
void loop() {
  int readValue = digitalRead(ReedSwitch);  // D7에서 읽은 값을 readVal에 저장
  Serial.println(readValue);
  if(readValue) {                   // readValue 값이 1이면 { } 내용 실행
    digitalWrite(LED, HIGH);        // LED를 켭니다.
  }
  else {                            // readValue 값이 0이면 { } 내용 실행
    digitalWrite(LED, LOW);         // LED를 끕니다.
  }
  delay(100);
}
```

4.4 조도(밝기)센서로 LED 켜고 끄기

조도 센서는 빛의 밝기를 측정하는 아날로그 센서입니다. 조도센서에서 측정된 값을 기준으로 LED를 켜거나 끄는 방법을 알아보겠습니다.

프로젝트 명	조도센서 값으로 LED 켜고 끄기
필요 부품	아두이노 보드, 조도 센서 모듈, LED, 케이블(암수) 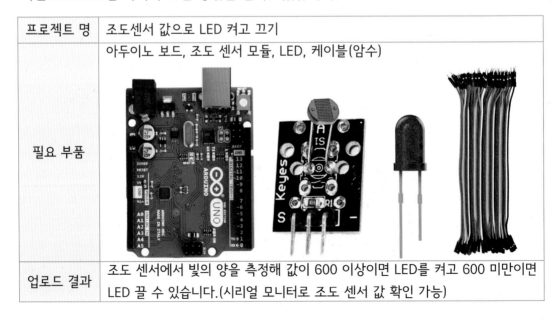
업로드 결과	조도 센서에서 빛의 양을 측정해 값이 600 이상이면 LED를 켜고 600 미만이면 LED 끌 수 있습니다.(시리얼 모니터로 조도 센서 값 확인 가능)

1) 연결 구성도

아두이노	조도 센서 모듈	아두이노	단색 LED
A0	S(A0)	D11	긴 핀
5V	+(VCC, 5V)	GND	짧은 핀
GND	-(G, GND)		

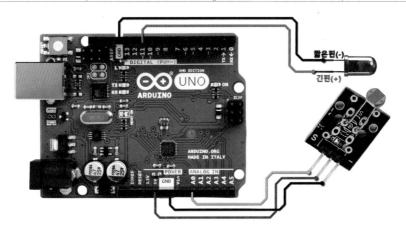

2) 스케치

```
int pSensor = A0;                    // 조도센서 S핀 A0번에 연결
int ledPin = 11;                     // LED 핀 11번에 연결

void setup() {
  Serial.begin(9600);
  pinMode(ledPin, OUTPUT);
}

void loop() {
  int readVal = analogRead(pSensor);   // A0 조도센서 값 readVal 변수에 저장
  Serial.print("Read Value =  ");    // 시리얼 모니터에 " " 내용 프린트
  Serial.println(readVal);           // 시리얼 모니터에 조도센서 값 프린트
  if(readVal >= 600) {               // 조도센서 값이 600 이상이면
    digitalWrite(ledPin, HIGH);      // LED 켜기
  }
  else {                             // 조도센서 값이 600 미만이면
    digitalWrite(ledPin, LOW);       // LED 끄기
  }
  delay(200);
}
```

4.5 피에조 부저로 소리내기

피에조 부저는 비프 음을 낼 수 있는 부품으로 일반적인 스피커와는 다릅니다. 일반적인 스피커는 음성이나 각종 악기의 소리를 재생할 수 있지만 피에조 부저는 삐~익 하는 음을 낮은 음부터 높은 음까지 낼 수 있습니다. 일상생활에서도 피에조 부저를 많이 만나볼 수 있습니다. 예를 들면 엘리베이터의 탑승 정원을 초과할 때, 자동차 후진 시 장애물 감지 소리, 컴퓨터 부팅할 때 나는 비프 음 등이 있습니다. 피에조 부저가 소리를 내는 방법에 대해 알아보겠습니다.

프로젝트 명	피에조 부저로 소리내기
필요 부품	아두이노 보드, 피에조 부저 모듈, 케이블(암수) 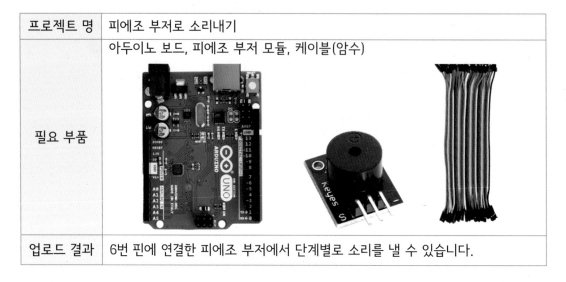
업로드 결과	6번 핀에 연결한 피에조 부저에서 단계별로 소리를 낼 수 있습니다.

1) 연결 구성도

아래와 같은 형태로 리드 스위치 모듈과 LED를 연결합니다.

아두이노	피에조 부저 모듈
D6	S(Signal)
5V	+(VCC, 5V)
GND	-(G, GND)

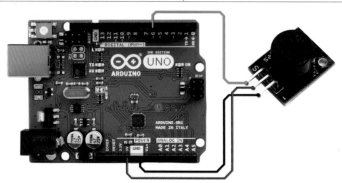

2) 스케치

```
int Pzo = 6;                    // Pzo 변수에 피에조 부저 6번 핀 설정
int dly = 1000;                 // dly이라는 변수에 숫자 1000을 저장

void setup() {
  pinMode(Pzo, OUTPUT);
}


void loop() {
  analogWrite(Pzo, 64);         // PWM 25% 적용
  delay(dly);                   // 1초 대기
  analogWrite(Pzo, 128);        // PWM 50% 적용
  delay(dly);                   // 1초 대기
  analogWrite(Pzo, 255);        // PWM 100% 적용
  delay(dly);                   // 1초 대기
}
```

4.6 피에조 부저로 연주하기

피에조 부저로 소리를 내는 방법은 analogWrite()를 이용하는 방법과 tone() 함수를 이용하는 방법이 있습니다. 연주를 위해 tone() 함수를 사용하는 방법에 대해 알아보겠습니다.

프로젝트 명	피에조 부저로 연주하기
필요 부품	아두이노 보드, 피에조 부저 모듈, 케이블(암수) 이전 프로젝트와 동일
업로드 결과	6번 핀에 연결한 피에조 부저에서 노래를 연주할 수 있습니다.

1) 스케치

```
#define C 262                   // 도
#define D 294                   // 레
#define E 330                   // 미
#define F 349                   // 파
#define G 392                   // 솔
#define A 440                   // 라
```

```
#define B 494              // 시
#define H 523              // 도(높은)

int pzoPin = 6;           // 피에조 S(+)를 6번에 연결
int tempo = 200;          // 음 재생 시간 설정
int notes[25] = { G, G, A, A, G, G, E, G, G, E, E, D, G, G, A, A, G, G, E, G, E, D,
E, C };

void setup() {
  pinMode (pzoPin, OUTPUT);
}

void loop() {
  for (int i = 0; i < 12; i++) {
    tone (pzoPin, notes[ i ], tempo);
    delay (300);
  }
  delay(100);             // 연주 중간에 잠시 지연시키는 용도

  for (int i = 12; i < 25; i++) {
    tone (pzoPin, notes[ i ], tempo);
    delay(300);
  }
}
```

2) 스케치 분석

#define C 262

특정 값을 미리 정의하는 것으로 알파벳 대문자 C에 262라는 값을 설정한 것입니다. 코드 내용 중 C를 사용하는 부분이 있다면 262라는 값을 사용한다고 보면 됩니다. #define은 미리 값을 설정하는 상수(const)와 비슷합니다. 아두이노에서는 상수보다는 #define을 사용하는 것이 좋습니다. 이유는 const는 메모리 공간을 차지하지만 #define은 컴파일시 C를 사용한 모든 부분에 262 값으로 바꾸어 줍니다. 그러므로 아두이노와 같이 저장 용량이 적은 장치에서는 #define을 사용하는 것이 좋습니다.

int notes[25] = { G, G, A, A, G, G, E, G, G, E, E, D, G, G, A, A, G, G, E, G, E, D, E, C };

정수형 배열 변수로 하나의 변수에 25개의 값을 저장하도록 선언했습니다. 배열

변수에 저장하는 값은 { }에 나열한 값이 순서대로 저장됩니다. 배열 변수에 저장된 값을 사용할 때에는 첫 번째 값은 notes[0], 10번째 값은 notes[9]를 이용해 사용할 수 있습니다.

int notes[25] = {G,G,A,A,G,G,E,G,G,E,E,D,G,G,A,A,G,G,E,G,E,D,E,C};
　　　　　　　└─**notes[0]**　　　　└─**notes[8]**　　　　└─**notes[17]**

tone (pzoPin, notes[i], tempo);

　톤(tone) 함수는 피에조 부저로 소리를 내기위한 함수로 아두이노가 기본 제공하는 함수입니다. 사용 형식은 tone(피에조 부저 핀 번호, 소리주파수, 소리 내는 시간)입니다.

• 알아두세요~

피에조 부저로 표현할 수 있는 음계와 옥타브입니다.

옥타브＼음계	1	2	3	4	5	6	7	8
C(도)	32.7032	65.4064	130.8128	261.6256	523.2511	1046.5020	2093.0050	4186.0090
C#	34.6478	69.2957	138.5913	277.1826	554.3653	1108.7310	2217.4610	4434.9220
D(레)	36.7081	73.4162	146.8324	293.6648	587.3295	1174.6590	2349.3180	4698.6360
D#	38.8909	77.7817	155.5635	311.1270	622.2540	1244.5080	2489.0160	4978.0320
E(미)	41.2034	82.4069	164.8138	329.6276	659.2551	1318.5100	2637.0200	5274.0410
F(파)	43.6535	87.3071	174.6141	349.2282	698.4565	1396.9130	2793.8260	5587.6520
F#	46.2493	92.4986	184.9972	369.9944	739.9888	1479.9780	2959.9550	5919.9110
G(솔)	48.9994	97.9989	195.9977	391.9954	783.9909	1567.9820	3135.9630	6271.9270
G#	51.9130	103.8262	207.6523	415.3047	830.6094	1661.2190	3322.4380	6644.8750
A(라)	55.0000	110.0000	220.0000	440.0000	880.0000	1760.0000	3520.0000	7040.0000
A#	58.2705	116.5409	233.0819	466.1638	932.3275	1864.6550	3729.3100	7458.6200
B(시)	61.7354	123.4708	246.9417	493.8833	987.7666	1975.5330	3951.0660	7902.1330

Memo

4.7 온도 센서로 온도계 만들기

온도 센서는 온도를 측정하는 센서로 아날로그 센서와 디지털 센서로 구분됩니다. 아날로그 센서로는 LM34, LM35, LM36 등이 있으며, 각 센서마다 온도를 계산하는 식은 조금씩 다릅니다. 이번 프로젝트에서는 LM35 센서로 온도를 측정하는 방법을 알아보겠습니다.

프로젝트 명	아날로그 온도센서로 온도 측정하기
필요 부품	아두이노 보드, LM35 온도 센서 모듈, 케이블(암수) 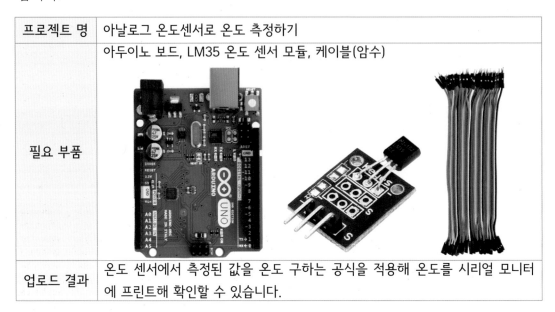
업로드 결과	온도 센서에서 측정된 값을 온도 구하는 공식을 적용해 온도를 시리얼 모니터에 프린트해 확인할 수 있습니다.

1) 연결 구성도

아두이노 보드와 LM35 센서 모듈을 다음과 같이 연결합니다.

아두이노	LM35 온도 센서 모듈
A0	S(Signal)
5V	+(VCC, 5V)
GND	-(G, GND)

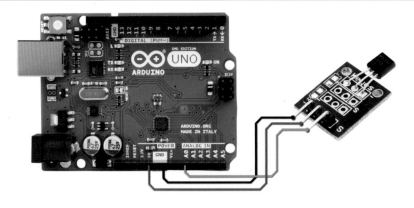

LM35 센서는 저항이나 콘덴서 등의 부품을 추가로 연결하지 않아도 되기 때문에 모듈이 아닌 센서를 아두이노에 바로 연결해 사용이 가능합니다. 센서를 아두이노에 직접 연결하는 경우에는 그림을 참고해 연결합니다.

2) 스케치

```
int tempPin = 0;                        // 온도센서 Output핀 A0번에 연결

void setup() {
  Serial.begin(9600);
}

void loop() {
  int readVal = analogRead(tempPin);     // A0 온도센서 값 readVal에 저장
  Serial.print((5.0*readVal*100.0)/1024.0);// 시리얼 모니터에 계산 값 프린트
  Serial.println("°C");
  delay(1000);
}
```

3) 스케치 분석

Serial.print((5.0*readVal*100.0)/1024.0);

LM35 온도 센서에서 읽어온 값(readVal)을 온도로 표현하기 위해 변환하는 계산식입니다. 온도(℃) = ((5.0*readVal*100.0)/1024.0) 계산식은 LM35 온도 센서에서 사용하는 계산식으로 온도 센서마다 계산식이 조금씩 다릅니다.

LM35 = (5.0 * readVal * 100.0) / 1024.0;

TMP36 = (((readVal * 5.0) / 1024.0) - 0.5) * 100

4) 실행 결과

시리얼 모니터를 실행해 센서에서 측정된 온도를 확인할 수 있습니다.

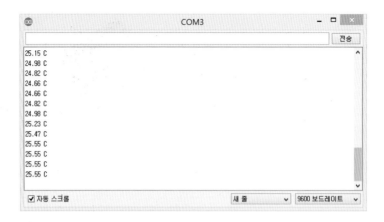

4.8 PIR 센서로 현관 등 만들기

　　PIR(Passive Infrared) 센서는 적외선을 이용한 인체 움직임을 감지하는 센서입니다. 사람의 몸은 36.5도의 열을 가지고 있으므로 적외선이 나옵니다. 열과 움직임이 감지되면 신호를 보내주는 센서입니다. 집 현관문 안쪽에 달려있는 센서등이 PIR 센서를 이용한 장치입니다. PIR 센서는 사람이 인식되면 전등을 켜고 일정 시간 유지시킵니다. 사람이 지나가고 없더라도 일정 시간 등이 켜진 상태로 유지됩니다. PIR 센서로 많이 사용되는 것이 HC-SR501입니다.

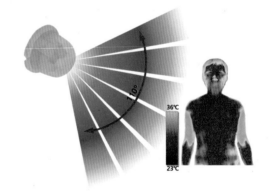

프로젝트 명	사람이 감지되면 LED 켜기
필요 부품	아두이노 보드, PIR 센서(HC-SR501) 모듈, LED, 케이블(암수) 
업로드 결과	PIR 센서에 인체를 가까이 가면 LED가 켜지고 멀어지면 잠시 후 LED가 꺼지는 제어가 가능합니다.

1) 연결 구성도

아두이노	HC-SR501 센서 모듈	아두이노	단색 LED
D7	S	D13	긴 핀
5V	+(VCC, 5V)	GND	짧은 핀
GND	-(G, GND)		

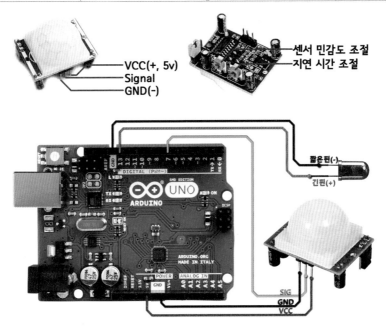

2) 스케치

```
int ledPin = 13;                        // LED 연결핀
int inputPin = 7;                       // 센서 시그널 핀
int pirState = LOW;                     // PIR 초기상태
int val = 0;                            // Signal 입력 값

void setup() {
    pinMode(ledPin, OUTPUT);            // LED Output 설정
    pinMode(inputPin, INPUT);          // 센서 Input 설정
    Serial.begin(9600);
}

void loop() {
    val = digitalRead(inputPin);       // PIR 센서 값 읽어 val에 넣기
    if (val == HIGH) {                 // 인체감지 상태이면
        digitalWrite(ledPin, HIGH);    // LED 켜기
        if (pirState == LOW) {
```

```
        Serial.println("Motion detected!");     // 시리얼모니터에 메시지 프린트
        pirState = HIGH;
    }
  } else {
    digitalWrite(ledPin, LOW);                   // LED 끄기
    if (pirState == HIGH){
        Serial.println("Motion ended!");         //시리얼모니터에 메시지 프린트
        pirState = LOW;
    }
  }
}
```

3) 실행결과

동작을 인식하면 'Motion detected!' 메시지가 시리얼 모니터에 나타나고, 인식이 해제되면 'Motion ended!' 메시지가 시리얼 모니터에 표시됩니다.

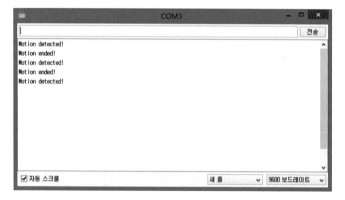

Memo

4.9 초음파 센서로 거리 측정하기

초음파 센서는 초음파를 대상에게 보내고 반사되어 오는 반사파를 받을 때까지의 시간을 확인하여 거리를 측정하는 센서입니다.

HC-SR04 센서 모듈　　　　　**다양한 초음파 센서**

Trig로 초음파를 내보내고 장애물에 닿은 신호가 반사되어 돌아오면 Echo로 신호를 받습니다. 초음파가 전송 후 되돌아오는 시간을 측정해 거리를 측정하는 방식입니다. 초음파 센서로 거리를 측정해보겠습니다.

프로젝트 명	초음파 센서로 거리 측정하기
필요 부품	아두이노 보드, 초음파 센서(HC-SR04) 모듈, 케이블(암수) 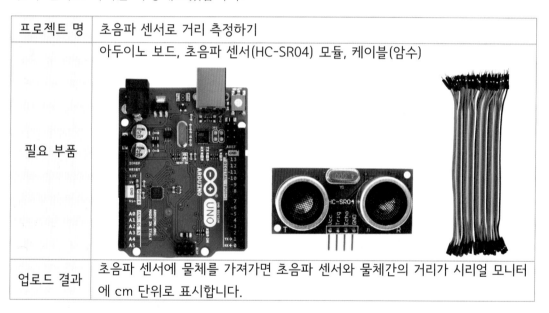
업로드 결과	초음파 센서에 물체를 가져가면 초음파 센서와 물체간의 거리가 시리얼 모니터에 cm 단위로 표시합니다.

1) 연결 구성도

초음파 센서(HC-SR04) 모듈을 아래와 같은 방법으로 연결합니다.

아두이노	초음파 센서HC-SR04) 센서 모듈
D6	Trig
D7	Echo
5V	+(VCC, 5V)
GND	-(G, GND)

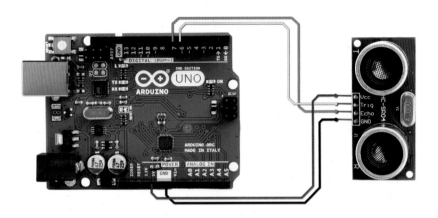

2) 스케치

```
int trigPin = 6;
int echoPin = 7;

void setup() {
  Serial.begin(9600);
  pinMode(trigPin, OUTPUT);            // trig를 출력모드로 설정
  pinMode(echoPin, INPUT);             // echo를 입력모드로 설정
}

void loop() {
  float duration, distance;
  digitalWrite(trigPin, HIGH);         // 초음파를 보내고 대기
  delay(10);
  digitalWrite(trigPin, LOW);

  duration = pulseIn(echoPin, HIGH);
            // echoPin 이 HIGH를 유지한 시간 저장
  distance = ((float)(340 * duration) / 10000) / 2;
            // 초음파를 보내고 다시 돌아온 시간을 측정해 거리 계산
  Serial.print(distance);
  Serial.println("cm");
  delay(500);
}
```

3) 실행결과

코드 업로드가 완료되면 시리얼 모니터를 실행해 확인합니다. 초음파 센서로 측정된 거리는 센티미터(CM) 단위로 표시됩니다.

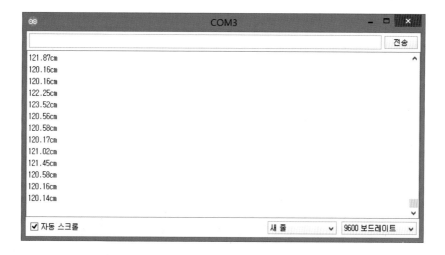

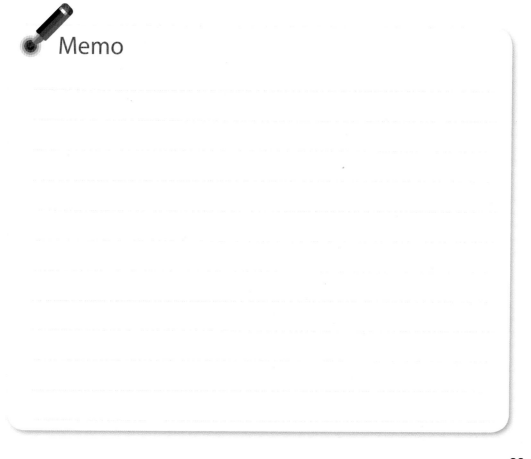

Memo

4.10 온·습도 센서로 온도와 습도 측정하기

온도를 측정하는 센서는 앞서 사용해봤습니다. 온도와 습도를 측정할 수 있는 센서는 다양한 종류가 있습니다. 아두이노에서는 비교적 정확하면서 저렴한 DHT11, DHT22 센서를 많이 사용합니다. 아두이노에 센서를 바로 연결해 사용할 수 있고, 모듈로 연결해도 됩니다.

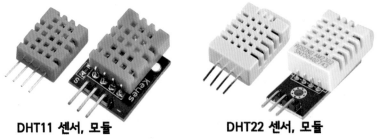

DHT11 센서, 모듈   **DHT22 센서, 모듈**

DHT11 모듈을 이용해 온도와 습도를 측정하는 방법을 알아보겠습니다.

프로젝트 명	온·습도 센서로 온·습도 측정하기
필요 부품	아두이노 보드, 온·습도 센서(DHT11) 모듈, 케이블(암수) 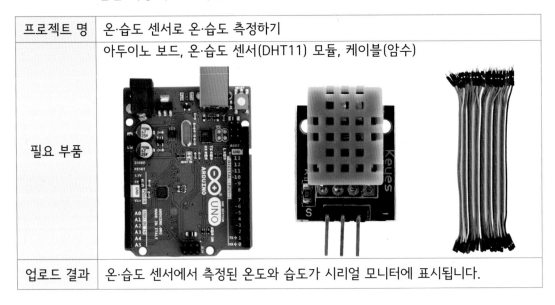
업로드 결과	온·습도 센서에서 측정된 온도와 습도가 시리얼 모니터에 표시됩니다.

1) 연결 구성도

온·습도 센서(DHT11) 모듈을 아래와 같은 방법으로 연결합니다.

아두이노	온·습도 센서(DHT11) 모듈
D2	S
5V	+(VCC, 5V)
GND	-(G, GND)

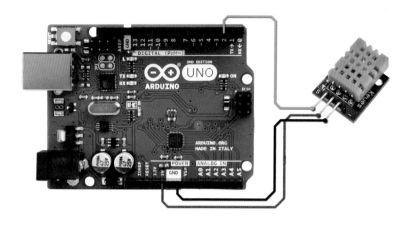

2) 스케치

DHT11 센서를 아두이노에서 사용하려면 라이브러리를 이용해야 합니다. 라이브러리는 아두이노에서 센서나 모듈을 사용할 수 있도록 지원하는 것으로, 복잡한 센서 제어 및 계산식을 쉽게 사용할 수 있도록 제공하는 것입니다.

공식적인 DHT 센서 라이브러리는 Adafruit 사에서 제공하는데 2개의 라이브러리를 다운로드 받아 사용해야 합니다.

DHT 라이브러리 URL : https://github.com/adafruit/DHT-sensor-library

Adafruit 센서 라이브러리 URL : https://github.com/adafruit/Adafruit_Sensor

① 웹 브라우저로 라이브러리 사이트에 접속합니다. [Clone or download]를 클릭 후 [Download ZIP]을 클릭합니다.

② 다운로드 창이 나오면 [저장]을 클릭합니다.

③ 같은 방법으로 Adafruit 센서 라이브러리도 다운로드 합니다. 다운로드가 완료되면 아두이노 IDE를 실행합니다. [스케치]-[라이브러리 포함하기]를 클릭 후 [.ZIP 라이브러리 추가...]를 클릭합니다.

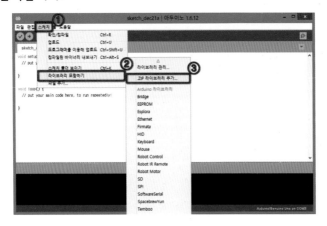

④ 상단 위치 목록을 클릭 후 [다운로드]를 클릭합니다.

⑤ [DHT-sensor-library-master.zip]를 클릭 후 [열기]를 클릭합니다.

⑥ 라이브러리 추가가 완료되었습니다. 같은 과정으로 'Adafruit_Sensor-master.zip' 라이브러리도 추가합니다.

⑦ 등록한 라이브러리를 이용한 스케치를 불러오겠습니다. [파일]-[예제]-[DHT sensor library]-[DHT_Unified_Sensor]를 클릭합니다.

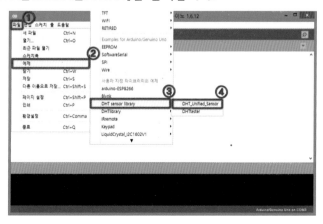

⑧ DHT11 센서에 맞게 스케치 내용을 수정해야 합니다. 스케치 내용 중 '#define DHTTYPE' 항목에서 아두이노에 연결한 DHT11 센서 이름 앞부분의 주석(//)을 삭제합니다. DHT22 센서 타입 줄의 가장 왼쪽에는 주석(//)을 넣어 주석으로 인식하도록 설정합니다. 설정이 완료되면 아두이노 보드에 업로드 합니다.

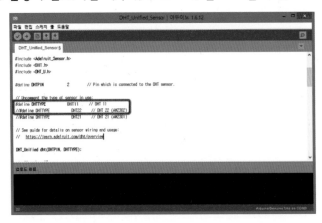

⑨ 스케치 내용 중 주요 내용을 표시하면 아래와 같습니다.

```
#include <Adafruit_Sensor.h>          // Adafruit사의 센서 라이브러리
#include <DHT.h>                       // DHT 센서 라이브러리
#include <DHT_U.h>                      // DHT 통합 센서 라이브러리
#define DHTPIN          2              // DHT 센서 Signal 2번 핀에 연결
#define DHTTYPE         DHT11          // DHT 센서 종류(DHT11)
DHT_Unified dht(DHTPIN, DHTTYPE);      // dht 통합 객체 선언
uint32_t delayMS;                      // delay 시간 설정 객체

void setup() {
  Serial.begin(9600);
  dht.begin();                         // dht 시작 함수 호출
  sensor_t sensor;                     // 센서 객체 선언
  delayMS = sensor.min_delay / 1000;   // delay 시간 계산
}

void loop() {
  delay(delayMS);
  sensors_event_t event;               // envet 객체 선언
  dht.temperature().getEvent(&event);  // 온도 측정 함수 호출
    Serial.print("Temperature: ");
    Serial.print(event.temperature);   // 측정된 온도 시리얼 모니터에 프린트
    Serial.println(" *C");
```

```
    dht.humidity().getEvent(&event);          // 습도 측정 함수 호출
      Serial.print("Humidity: ");
      Serial.print(event.relative_humidity);  // 측정된 습도 시리얼 모니터에 프린트
      Serial.println("%");
    }
```

3) 실행결과

스케치 업로드가 완료되면 시리얼 모니터를 실행해 확인합니다. DHT11 온·습도 센
서로부터 읽어온 온도와 습도가 표시됩니다.

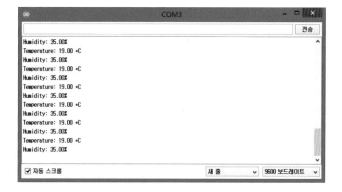

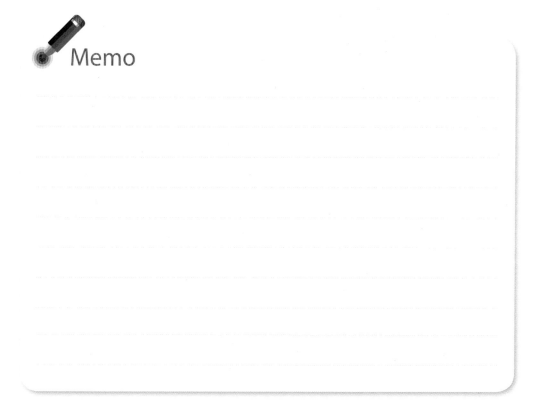

Memo

4.11 토양 수분 센서로 화분 관리하기

집에서 화분을 키워보신 분들 많으실 겁니다. 화분 관리를 잘 해줘야 꽃이나 나무도 튼튼하게 자라게 됩니다. 물을 줘야하는 시기를 놓쳐 꽃이나 나무가 말라 죽는 경우가 많습니다. 이럴 때 사용하면 좋은 토양 수분 센서는 화분의 흙(토양)의 수분을 측정하는 센서입니다. 원예 농가 또는 가정의 화분 습도를 측정해 물을 보충해줘야 하는 시기를 체크할 수 있습니다. 토양 수분 센서로 습도를 측정하는 방법을 알아보겠습니다.

프로젝트 명	토양 수분 센서로 화분 물 줄 시기 자동 알림
필요 부품	아두이노 보드, 토양 수분 센서 모듈, 케이블(암수) 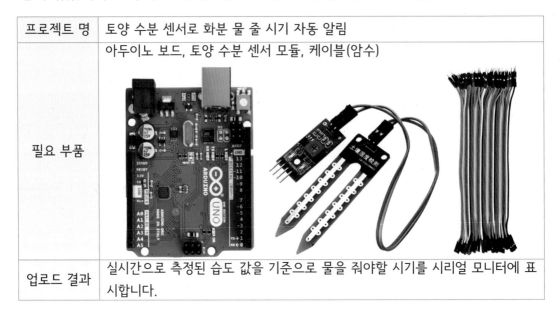
업로드 결과	실시간으로 측정된 습도 값을 기준으로 물을 줘야할 시기를 시리얼 모니터에 표시합니다.

1) 연결 구성도

아두이노	토양 수분 센서 모듈
A0	A0
5V	+(VCC, 5V)
GND	-(G, GND)

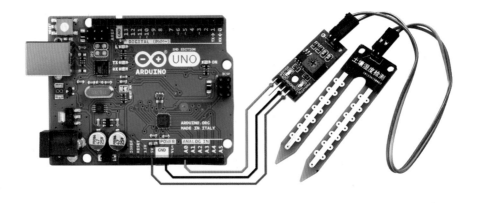

2) 스케치

```
void setup()  {
  Serial.begin(9600);
}

void loop()  {
  int sensorValue = analogRead(A0);
  int percentValue = map(sensorValue, 0, 1023, 100, 0);
  Serial.print("Sensor Value : ");
  Serial.println(sensorValue);
  Serial.print("percentValue : ");
  Serial.println(percentValue);

  if(percentValue <=50) {
    Serial.println("Water Please~!!");
  }
  else if(percentValue <=40) {
    Serial.println("Emergency warning!! Water Please~!!");
  }
  delay(5000);
}
```

3) 스케치 분석

int sensorValue = analogRead(A0);

아두이노의 아날로그 0번 커넥터에 연결된 토양 습도 센서로부터 읽어온 정보를 정수형 변수 sensorValue에 저장합니다.

int percentValue = map(sensorValue, 0, 1023, 100, 0);

map 함수는 특정 값의 범위를 다른 범위의 값으로 변환해주는 역할을 합니다. 아날로그 커넥터에 연결된 센서에서 읽어온 값은 0~1023까지의 숫자로만 표시됩니다. 이 값을 0~100까지의 습도로 환산하기위해 필요한 함수가 map()입니다. map() 함수는 5개의 인자를 입력합니다. 사용 형식은 아래와 같습니다.

map(변환할 값 또는 변수, 변환 전 최소값, 변환 전 최대값, 변환 후 최소값, 변환 후 최대값)

결과적으로 percentValue에는 0~100까지의 변환된 값으로 저장됩니다. map() 함수의 인자 중 네 번째와 다섯 번째 값을 거꾸로 입력(100, 0)했습니다. 이유는 토양 수분 센서에서 읽어온 값(0~1023)이 건조할수록 값이 커지고 습할수록 값이 작아지기 때문입니다. 이 값을 일반적인 습도와 비슷하게 표현하려면 변환 후 최소값이나 변환 후 최대값을 0에서 100까지가 아닌 100에서 0까지로 계산해야하기 때문입니다. 0에서 100까지로 입력하면 습도가 낮으면 100에 가까워지고, 습도가 높으면 0에 가까워집니다.

if(percentValue <=50) { }

변환된 습도의 값(percentValue)이 50보다 작거나 같으면 { } 내용이 실행됩니다. 물이 필요하다는 메시지를 띄웁니다.

else if(percentValue <=40) { }

습도의 값(percentValue)이 40보다 작거나 같으면 { } 내용이 실행됩니다. 물을 바로 공급해줘야 하는 긴급 상황 메시지를 띄웁니다.

4) 실행 결과

스케치 업로드 후 시리얼 모니터를 실행합니다. 센서에서 측정된 값과 계산된 값이 나옵니다. 습도가 일정 이하로 떨어지면 물을 주라는 메시지를 띄웁니다.

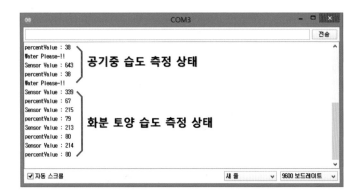

5) 응용하기

· 토양 습도 센서로 측정된 값에 따라 습도가 부족하면 소리가 나도록 구현해보세요.
· 토양 습도 센서로 측정된 값에 따라 자동으로 물을 줄 수 있는 시스템에 대해 생각해보세요.

4.12 릴레이로 LED 제어하기

릴레이는 220V와 같은 높은 전압을 제어하기 위해 사용하는 장치로 사용 시 각별히 주의해야 합니다. 높은 전압을 사용하는 기기의 전원 공급과 차단을 할 수 있습니다. 사물인터넷 장치 제어에 가장 많이 사용하는 장치입니다. 아두이노는 5V(DC) 전압을 사용하기 때문에 전기 콘센트에서 나오는 220V(AC)를 직접 제어할 수 없습니다. 5V를 사용하는 아두이노에서 220V 전압을 직접 연결해 사용할 수 없기 때문에 릴레이가 그 역할을 대신하게 됩니다. 예를 들면 집안 전등 켜고 끄기, 에어컨 및 보일러 제어, 가스레인지 제어 등 대부분의 가전제품 전원 제어에 사용이 가능합니다.

릴레이　　**1way 릴레이 모듈**　　**4way 릴레이 모듈**

릴레이를 사용할 경우에는 릴레이 상단의 지원 가능한 최대 허용 출력 전압과 전류가 표시되어 있습니다. 대부분 전압 220V를 지원하며, 전류는 10A(암페어)를 지원합니다. 전류를 많이 사용하는 장치는 에어컨, 다리미 등이 있습니다. 에어컨이나 다리미도 대부분 10A 내로 전류를 사용합니다. 10A를 넘어가는 가전제품의 경우(가정용의 경우 넓은 면적을 지원하는 에어컨 등) 좀 더 높은 전류(A)를 지원하는 릴레이를 사용해야 합니다.

프로젝트 명	릴레이로 LED 켜고 끄기
필요 부품	아두이노 보드, 1way 릴레이 모듈, LED, 케이블(암수, 수수)
업로드 결과	릴레이 제어를 통해 릴레이에 연결되어 있는 LED(220v 제품 제어 가능)를 3초간 켜고 2초간 끄는 제어를 할 수 있습니다.

1) 연결 구성도

아두이노	릴레이 모듈	아두이노/릴레이 모듈	단색 LED
D7	S(IN)	D13/릴레이 NO, C	긴 핀
5V	+(VCC, 5V)	GND	짧은 핀
GND	-(G, GND)		

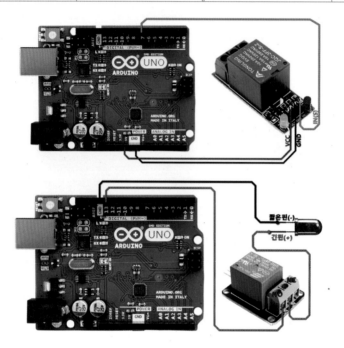

2) 스케치

```
int relayPin = 7; int ledPin=13;
void setup() {
    pinMode(relayPin, OUTPUT);
}

void loop() {
    digitalWrite(ledPin, HIGH);      // 13번 핀에 연결된 LED 켜기
    digitalWrite(relayPin, HIGH);    // 릴레이 켜기
    delay(3000);
    digitalWrite(relayPin, LOW);     // 릴레이끄기
    delay(2000);
}
```

3) 응용예제

· 버튼을 누르면 릴레이가 켜지고 버튼을 떼면 릴레이가 꺼지도록 만들어 보세요.

4.13 디스플레이 장치 제어하기

아두이노와 각종 센서를 연결해 센서로부터 측정된 정보나 계산된 결과를 확인하는 방법은 시리얼 모니터를 이용하는 방법이 일반적입니다. 하지만 실제 제품으로 만들어 사용할 경우에는 컴퓨터 USB에 연결해 사용할 수 없기 때문에 별도의 전원을 공급해야 합니다. 그렇기 때문에 시리얼 모니터로 확인했던 정보를 볼 수 있는 장치가 필요하게 됩니다. 이때 사용할 수 있는 장치가 바로 디스플레이 장치입니다. 대표적으로 1602LCD, 0.96" 단색 OLED, 0.95" 컬러 OLED가 주로 사용하는 디스플레이 장치입니다.

1602 LCD
(단색-파랑, 초록 등)

0.96inch OLED
(단색-흰색, 파랑 등)

0.95inch RGB OLED(컬러)

디스플레이 장치 중에서도 비교적 저렴한 1602 LCD를 많이 사용합니다. 1602 LCD는 16개의 연결 커넥터가 있어 아두이노에 모두 연결해야 동작이 가능합니다. 연결할 선이 많아 연결이 복잡해질 뿐만 아니라 센서나 추가 장치 연결에 어려움이 있습니다. 이러한 문제를 해결해주는 장치가 I2C입니다. I2C는 Inter-Integrated Circuit의 약어로 필립스에서 개발한 직렬 컴퓨터 버스이며 마더보드, 임베디드 시스템, 휴대전화 등에 저속의 주변 기기를 연결하기 위해 사용됩니다. I2C 통신은 데이터를 주고받기 위한 선(SDA)과 송·수신 타이밍 동기화를 위한 클럭(SCL)으로 구성됩니다. 1602 LCD를 구입할 경우에는 I2C 모듈이 장착된 제품을 구입하는 것이 좋습니다. I2C 모듈이 장착된 제품은 아두이노에 4개의 핀연결로 제어가 가능합니다.

1602 LCD

1602 LCD + I2C

1602 LCD + I2C 모듈 디스플레이 장치에 텍스트를 띄우는 프로젝트를 진행해보겠습니다.

프로젝트 명	1602 LCD 제어하기
필요 부품	아두이노 보드, 1602 LCD + I2C 모듈, 케이블(암수) 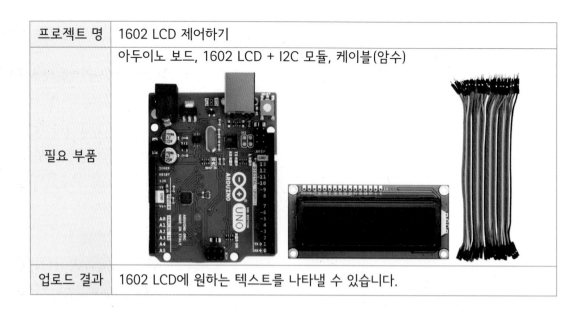
업로드 결과	1602 LCD에 원하는 텍스트를 나타낼 수 있습니다.

1) 연결 구성도

아두이노	1602LCD+I2C 모듈
A4	SDA
A5	SCL
5V	+(VCC, 5V)
GND	-(G, GND)

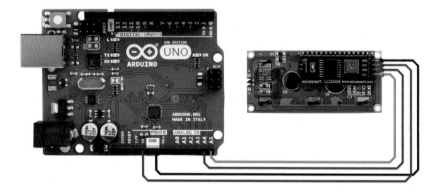

2) 스케치

1602LCD + I2C를 사용하기 위해서는 라이브러리를 추가해야 합니다. 아래 사이트에서 라이브러리를 다운로드 받을 수 있습니다.

다운로드 URL : https://github.com/fdebrabander/Arduino-LiquidCrystal-I2C-library

① 웹 브라우저를 실행해 위 주
소를 입력하고 접속합니다.
[Clone or Download]를 클
릭 후 [Download ZIP...]을 클
릭합니다. 하단 다운로드 메시
지 창이 나오면 [저장]을 클릭
합니다.

② 다운로드가 완료되면 아두이
노 IDE를 실행 후 [스케치] 메
뉴를 클릭 후 [라이브러리 포
함하기]-[.ZIP 라이브러리 추
가...]를 클릭합니다.

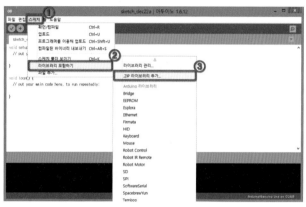

③ '다운로드' 또는 'Downloads'
폴 더 의 [A r d u i n o -
LiquidCrystal-I2C-library-
master.zip]를 클릭 후 [열기]
를 클릭합니다.

④ 라이브러리 추가가 완료되
었습니다. [파일]-[예제]-
[Arduino-LiquidCrystal-
I 2 C - l i b r a r y - m a s t e r] -
[HelloWorld]를 클릭합니다.

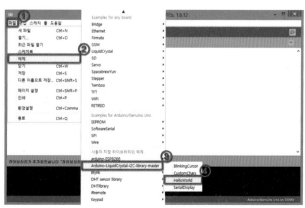

⑤ 스케치 내용을 요약하면 다음과 같습니다. 스케치를 업로드합니다.

```
#include <Wire.h>                     // Wire.h 파일 가져오기
#include <LiquidCrystal_I2C.h>        // LiquidCrystal_I2C.h 파일 가져오기
LiquidCrystal_I2C lcd(0x27, 16, 2);  // 대부분 0x27 주소사용, 일부 0x3F 사용

void setup() {
    lcd.begin();                     // LCD 초기화
    lcd.backlight();                 // 백라이트 켜기
    lcd.print("Hello, world!");      // 메시지 띄우기
}

void loop() {
                                     // 이곳에 필요한 스케치 작성
}
```

3) 스케치 분석

#include <Wire.h> #include <LiquidCrystal_I2C.h>

1602 LCD를 사용하기 위해 필요한 제어 코드가 작성된 파일입니다. 1602 LCD 를 제어하기 위해 제조사 또는 개발사에서 하드웨어적인 구조를 이해하고 제어하 기 위한 코드가 포함되어 있습니다.

LiquidCrystal_I2C lcd(0x27, 16, 2);

lcd 스타일을 정의하는 스케치입니다. 0x27은 Address로 I2C 장치는 각각 address를 가지고 있습니다. 대부분 0x27을 많이 사용하지만 경우에 따라 0x3F 를 사용하는 경우도 있습니다. 1602는 16글자, 2줄을 의미합니다. 참고로 아래 스 케치를 이용하면 I2C 장치의 Address를 시리얼 모니터로 확인할 수 있습니다.

```
#include <Wire.h>
void setup() {
  Serial.begin (9600);
  while (!Serial) { }
  Serial.println ("I2C Address Scanning...");
  byte count = 0;
  Wire.begin();
  for (byte i = 1; i < 120; i++) {
    Wire.beginTransmission (i);
```

```
    if (Wire.endTransmission () == 0) {
      Serial.print ("Found address: ");
      Serial.print (i, DEC);
      Serial.print (" (0x");
      Serial.print (i, HEX);
      Serial.println (")");
      count++;
      delay (10);
      }
  }
  Serial.println ("Done.");
  Serial.print ("Found it ");
  Serial.print (count, DEC);
  Serial.println (" device(s).");
}

void loop() {}
```

lcd.begin();

LCD 초기화 함수입니다. LCD 제어 관련 함수에는 다음과 같은 내용이 포함됩니다.

```
lcd.backlight();          // LCD 백라이트를 켠다.
lcd.noBacklight();        // LCD 백라이트를 끈다.
lcd.noDisplay();          // LCD 표시된 내용을 숨긴다.
lcd.display();            // LCD 표시내용을 보여준다.
lcd.cursor();             // 커서를 표시한다.
lcd.noCursor();           // 커서를 없앤다.
lcd.setCursor(0,0);       // 해당 LCD 좌표로 커서 이동
lcd.home();               //커서를 0,0 좌표로 이동
lcd.blink();              // 커서를 깜빡임
lcd.noBlink();            // 커서를 깜빡이지 않음
lcd.write(36);            // 아스키코드 값을 출력, 36의 경우 '$' 출력
lcd.print("TEST");        // LCD 화면에 값을 출력
lcd.clear();              // LCD 모든 내용 지움
lcd.scrollDisplayRight(); //lcd 내용을 우측으로 1칸 스크롤
lcd.scrollDisplayLeft();  //lcd 내용을 좌측으로 1칸 스크롤
lcd.autoscroll();         // 출력내용을 자동으로 우에서 좌로 스크롤
```

4) 응용하기

· LCD에 하나의 문장이 표시된 후 다른 문장이 나타나도록 설정해보세요.

· LCD에 표시한 텍스트를 좌·우로 스크롤 되도록 설정해보세요.

4.14 비접촉식 온도 센서로 체온 측정하기

어린 아이들이나 유아가 있는 가정에는 대부분 체온 측정기를 구비해 둡니다. 갑자기 열나는 아이들의 체온을 측정해 해열제의 양을 사용하기도 합니다. 대부분의 체온 측정기는 귀에 연결해 측정하지만 비접촉식 온도 센서를 이용하면 접촉 없이 체온을 측정할수 있습니다. 비접촉식 체온 측정 장치를 만들어보겠습니다.

프로젝트 명	비접촉 체온 측정기 만들기
필요 부품	아두이노 보드, 비접촉식 온도 센서(MLX90614) 모듈, 케이블(암수) 
업로드 결과	비접촉식 온도 센서를 이마 앞 10cm 앞에서 이마 방향으로 맞추면 체온을 측정할 수 있습니다.

1) 연결 구성도

아두이노	비접촉식 온도 센서((MLX90614) 모듈
A4	SDA
A5	SCL
3.3V	VIN(VCC, +)
GND	GND(G, -)

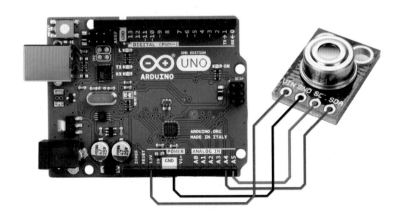

2) 스케치

비접촉 온도 센서는 라이브러리를 제공하고 있습니다. 아래 라이브러리 다운로드 URL을 참고해 다운로드 받습니다.

라이브러리 다운로드 URL : https://github.com/adafruit/Adafruit-MLX90614-Library

① 웹 브라우저를 실행하고 라이 브러리 다운로드 사이트로 접 속해 다운로드합니다.

② [다운로드가 완료되면 아두이 노 IDE를 실행 후 [스케치] 메 뉴를 클릭 후 [라이브러리 포 함하기]-[.ZIP 라이브러리 추 가...]를 클릭합니다. 다운로드 받은 [Adafruit-MLX90614- Library-master.zip]을 선택 해 추가합니다.

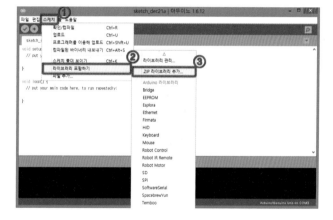

③ 추가가 완료되면 라이브러리 에서 제공하는 예제 파일을 가져오겠습니다. [파일]-[예 제]-[Adafruit-MLX90614- Libraryl-[mlxtest]를 클릭합 니다.

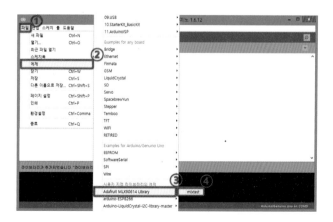

④ 불필요한 내용을 정리하고 스케치를 업로드 합니다.

```
#include <Wire.h>
#include <Adafruit_MLX90614.h>
Adafruit_MLX90614 mlx = Adafruit_MLX90614();

void setup() {
  Serial.begin(9600);
  Serial.println("Adafruit MLX90614 test");
  mlx.begin();
}

void loop() {
  Serial.print("Ambient = "); Serial.print(mlx.readAmbientTempC());
  Serial.print("*C\tObject = "); Serial.print(mlx.readObjectTempC());
  Serial.println("*C");
  Serial.print("Ambient = "); Serial.print(mlx.readAmbientTempF());
  Serial.print("*F\tObject = "); Serial.print(mlx.readObjectTempF());
  Serial.println("*F");
  Serial.println();
  delay(500);
}
```

3) 스케치 분석

#include <Wire.h> #include <Adafruit_MLX90614.h>

mlx90614 센서에 필요한 라이브러리를 포함하는 명령어입니다.

Adafruit_MLX90614 mlx = Adafruit_MLX90614();

mlx 객체를 생성하고 Adafruit_MLX90614()를 객체에 넣어줍니다. 객체(Object)는 변수(Variables)와 메서드(Method)의 모음입니다. 하나의 변수로 처리하기 어려운 복잡한 구조의 작업을 처리하기 위해 사용하는 것입니다.

mlx.begin();

mlx 객체 초기화 명령어입니다.

Serial.print(mlx.readObjectTempC());

mlx.readObjectTempC()는 측정된 온도(℃) 정보를 가져오는 함수입니다. 온도를 가져와 시리얼 모니터에 출력 합니다.

Serial.print(mlx.readObjectTempF());

    측정된 온도(℉) 정보를 가져와 시리얼 모니터에 출력합니다.

4) 실행 결과

일반적인 집안 환경에서의 측정된 온도와 인체 가까이에서 측정한 결과입니다

 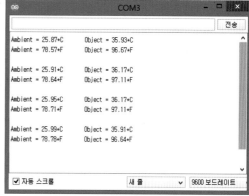

5) 응용하기

· 1602 LCD를 연결해 LCD에 온도가 표시되도록 해보세요.

· 아두이노 프로 미니를 이용해 실제 활용 가능한 작은 크기의 제품을 만들어 보세요.

Memo

4.15 조이스틱으로 방향 측정하기

게임기, RC카 제어 등에 사용할 수 있는 조이스틱 모듈을 사용하는 방법에 대해 알아보겠습니다.

프로젝트 명	조이스틱 방향정보 체크하기
필요 부품	아두이노 보드, 조이스틱 모듈, 케이블(암수) 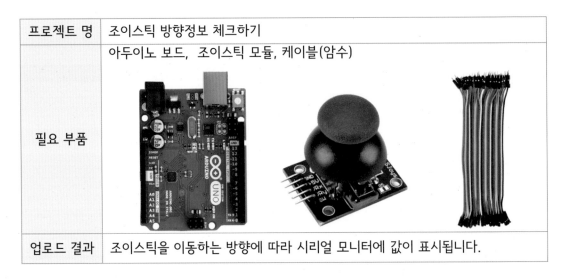
업로드 결과	조이스틱을 이동하는 방향에 따라 시리얼 모니터에 값이 표시됩니다.

1) 연결 구성도

아두이노	조이스틱 모듈
A0	VRx
A1	VRy
D2	SW
5V	+5V(VCC, +)
GND	GND(G, -)

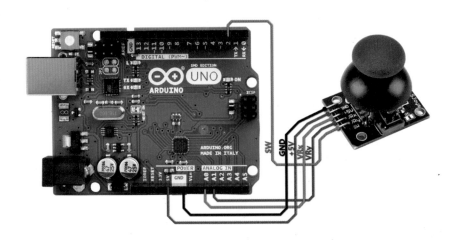

2) 스케치

```
const int VERT = A0;
const int HORIZ = A1;
const int SEL = 2;

void setup() {
  pinMode(SEL,INPUT);
  digitalWrite(SEL,HIGH);
  Serial.begin(9600);
}

void loop() {
  int vertical, horizontal, select;
  vertical = analogRead(VERT);
  horizontal = analogRead(HORIZ);
  select = digitalRead(SEL);

  Serial.print("vertical: ");
  Serial.print(vertical,DEC);
  Serial.print(" horizontal: ");
  Serial.print(horizontal,DEC);
  Serial.print(" select: ");
  if(select == HIGH) { Serial.println("not pressed"); }
  else { Serial.println("PRESSED!"); }
}
```

3) 스케치 분석

vertical = analogRead(VERT);

아날로그 A0핀의 값(0~1023)을 읽어와 vertical 변수에 저장합니다.

horizontal = analogRead(HORIZ);

아날로그 A1핀의 값(0~1023)을 읽어와 horizontal 변수에 저장합니다.

select = digitalRead(SEL); if(select == HIGH) { }

select 변수에는 디지털 2번 핀의 값을 가져옵니다. 이 값과 HIGH(1)를 비교합니다. 디지털 2번 핀은 버튼이 눌리지 않았을 때 1의 값을 가지며, 버튼이 눌리면 0 값을 가지게 됩니다.

Serial.print(vertical,DEC);

vertical 변수의 값을 시리얼 모니터에 프린트 하는 명령입니다. Serial.print의 인자가 변수 외에 DEC가 있습니다. DEC는 Decimal의 약어로 10진수를 의미합니다. DEC를 표기하지 않아도 기본 값으로 10진수로 표기합니다. 하지만 가끔 2진수나 16진수로 표기해야하는 경우도 생깁니다. 2진수(Binary)로 표기할 때에는 BIN, 16진수(Hexadecimal)로 표기할 때에는 HEX로 표기합니다.

4) 응용하기

· 조이스틱 모듈과 LED를 이용해 조이스틱 방향에 따라 다른 색상의 LED가 켜지도록 해보세요.

· 조이스틱 모듈과 피에조 모듈을 이용해 조이스틱 방향에 따라 다른 소리가 나도록 설정해 보세요.

4.16 키패드 사용하기

최근에는 많은 집에서 비밀번호를 사용하는 잠금 장치를 사용하고 있습니다. 현관 잠금장치, 금고 잠금장치, 휴대폰 등에서 사용하는 키패드를 이용하는 방법을 알아보겠습니다. 키패드는 크게 2가지 형태가 있습니다. 3*4 키패드와 4*4 키패드입니다.

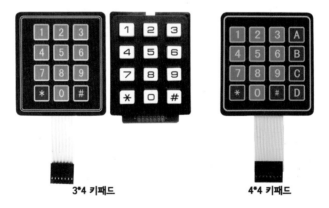

3*4 키패드　　　　　　　　　　**4*4 키패드**

3*4 키패드는 7개의 핀을 연결해 누르는 키를 확인할 수 있고, 4*4 키패드는 8개의 핀을 연결해 누른 키를 확인할 수 있습니다. 4*4 키패드를 기준으로 12개의 버튼이 있는데 8개의 핀으로 어떻게 12개의 버튼 중 어떤 버튼을 눌렀는지 확인이 가능할까요? 바로 줄과 칸의 2차원 배열을 이용하면 됩니다. 예를 들면 숫자 1을 누르면 첫 번째 줄, 첫 번째 칸으로 인식합니다. 다시말해 숫자 1은 [1,1](0,0)의 위치를 의미합니다. 숫자 6은 두 번

째 줄, 3번째 칸에 있으니 [2,3](1,2)의 위치가 됩니다. 이러한 방법을 이용하면 8개의 핀
으로 12개의 버튼 중 어떤 버튼이 눌렸는지 확인할 수 있습니다. 키패드 어떤 버튼을 눌
렀는지 확인해보는 프로젝트를 진행하겠습니다.

프로젝트 명	키패드 사용하기
필요 부품	아두이노 보드, 4*4 키패드, 케이블(수수) 
업로드 결과	키패드의 숫자와 문자를 누르면 시리얼 모니터에 누른 값이 표시됩니다.

1) 연결 구성도

아두이노	4*4 키패드	아두이노	4*4 키패드
D2	1	D6	5
D3	2	D7	6
D4	3	D8	7
D5	4	D9	8

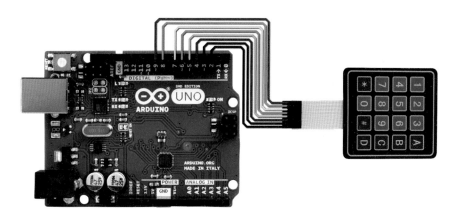

2) 스케치

키패드를 사용하려면 키패드 라이브러리가 필요합니다. 아래 라이브러리 다운로드

URL을 참고해 다운로드 받습니다.

라이브러리 다운로드 URL : https://github.com/ymollard/Keypad_Arduino

① 웹 브라우저를 실행하고 라이
브러리 다운로드 사이트로 접
속해 다운로드합니다.

② 라이브러리 다운로드가 완
료되면 아두이노 IDE를 실행
합니다. [스케치]-[라이브러
리 포함하기]를 클릭 후 [.ZIP
라이브러리 추가...]를 클릭
합니다. '다운로드' 폴더의
[Keypad_Arduino-master.
zip]를 클릭 후 [열기]를 클릭
하면 라이브러리 추가가 완료
됩니다.

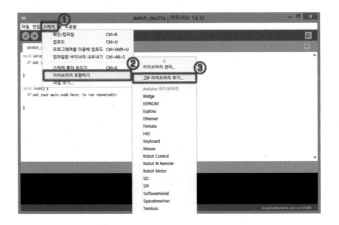

③ 라이브러리 설치가 완료
되면 아두이노 IDE의 [파
일]-[예제]-[Keypad]-
[CustomKeypad]를 클릭합
니다.

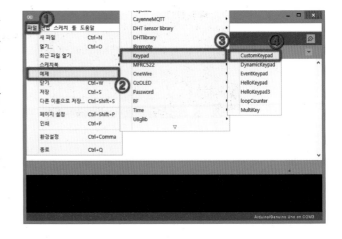

④ 가져온 스케치를 아래와 같이 수정합니다.

```
#include <Keypad.h>
const byte ROWS = 4;
const byte COLS = 4;     // 키패드의 행, 열의 갯수

char keys[ROWS][COLS] = {
  {'1', '2', '3', 'A' },
  {'4', '5', '6', 'B' },
  {'7', '8', '9', 'C' },
  {'*', '0', '#', 'D' }
};

byte rowPins[ROWS] = {9, 8, 7, 6 };
byte colPins[COLS] = {5, 4, 3, 2 };
Keypad keypad = Keypad( makeKeymap(keys), rowPins, colPins, ROWS,
COLS );

void setup() {
  Serial.begin(9600);
}

void loop() {
  char key = keypad.getKey();

  if (key != NO_KEY) {
    Serial.println(key);
  }
}
```

3) 스케치 분석

```
char keys[ROWS][COLS] = {
    {'1', '2', '3', 'A' },
    {'4', '5', '6', 'B' },
    {'7', '8', '9', 'C' },
    {'*', '0', '#', 'D' }

};
```

키패드에서 버튼을 눌렀을 때 해당 값을 참고할 2차원 배열을 선언한 내용입니다.

Keypad keypad = Keypad(makeKeymap(keys), rowPins, colPins, ROWS, COLS);

아두이노 UNO에 연결한 4x4 키패드의 키 위치와 스케치 내의 key[][] 배열의 값을 맵핑하는 내용입니다. 키패드에서 1을 눌렀을 때 숫자 1을 가져오는 것이 아니라 누른 버튼의 행과 열 번호 값이 전달됩니다. 해당 행과 열의 값을 스케치에 정의한 key[][] 배열에서 첫 번째 행과 열에 해당하는 값으로 연결시켜줍니다.

char key = keypad.getKey();

맵핑된 값의 위치에서 누른 값을 변수 key에 저장하는 명령입니다.

if (key != NO_KEY) { Serial.println(key); }

key 변수의 값과 null 값을 비교해 같지 않다면 시리얼 모니터에 해당 키 값을 프린트 합니다.

4) 실행 결과

스케치 업로드 후 시리얼 모니터를 실행합니다. 키패드의 키를 누르면 시리얼 모니터에 해당 킷값이 프린트 됩니다.

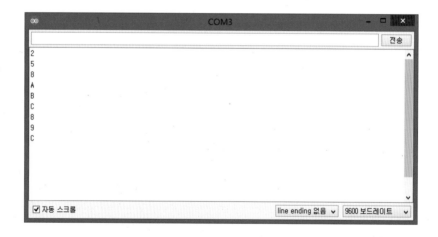

03

아두이노 활용 프로젝트

센서로 생활 편의 제품 만들기

앞서 다양한 센서와 모듈을 연결해 제어하는 방법을 알아보았습니다. 이번에는 여러 가지 센서와 부품을 연결해 실생활에 사용할 수 있는 다양한 제품을 구현해보는 프로젝트를 진행해 보겠습니다.

프로젝트를 진행하기 전에 아두이노에 연결하는 센서나 장치의 개수가 많아지면 각 장치마다 전원을 공급해야 합니다. 아두이노 보드의 전원 공급 커넥터가 많지 않아 여러 개의 센서 연결이 어려울 수 있습니다. 이럴 때에는 아래 내용을 참고해 연결하면 다양한 프로젝트에 활용이 가능합니다.

1.1 색상이 바뀌는 무드등 만들기

중국의 샤오미라는 회사는 스마트폰 제조 판매로 유명한 회사입니다. 이 회사는 스마트폰 뿐만 아니라 드론, 보조 배터리, 전동 킥보드 등을 만들어 판매하고 있습니다. 샤오미에서는 테이블 조명등도 만들어 판매하고 있는데 색상을 사용자가 변경할 수 있도록 하고 있습니다. 자동으로 색상이 변경되도록 설정도 가능합니다. 이 램프의 가격은 약 5만원입니다. 샤오미 램프는 아두이노와 3색 LED만 있으면 쉽게 만들 수 있습니다.

LED중 3가지 색상을 조합해 대부분의 색상을 만들 수 있는 3색 LED가 있습니다. 3색 LED를 직접 아두이노 보드에 연결하는 방법도 있지만 높은 전압으로 LED가 타버릴 수 있기 때문에 저항을 연결해 사용하거나 저항이 탑재된 3색 LED 모듈을 이용하는 것이 좋습니다. 3색 LED를 이용해 색상이 조금씩 변화하는 LED를 만들어 보겠습니다.

| 3색 LED 모듈 | SMD 3색 LED 모듈 | 3색 LED |

프로젝트 명	색상이 바뀌는 무드등 만들기
필요 부품	아두이노 보드, 3색 LED 모듈, 케이블(암수) 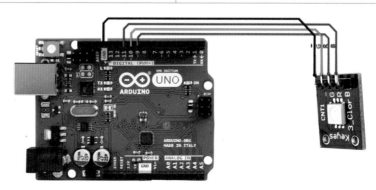
업로드 결과	색상이 서서히 다양한 색상으로 변경되는 무드등을 만들 수 있습니다.

1) 연결 구성도

아두이노	3색 LED 모듈
D9	R
D10	G
D11	B
GND	-(G, GND)

2) 스케치

```
int redPin = 9;                      //RGB red
int greenPin = 10;                   //RGB green
int bluePin = 11;                    //RGB blue

void setup() {
  pinMode(redPin, OUTPUT);
  pinMode(greenPin, OUTPUT);
  pinMode(bluePin, OUTPUT);
}

void loop() {
  int redRate;                       //RED_PIN에 출력시킬 값 저장하기 위한 변수
  int greenRate;                     //GREEN_PIN에 출력시킬 값 저장하기 위한 변수
  int blueRate;                      //BLUE_PIN에 출력시킬 값 저장하기 위한 변수
  for (int i = 0; i < 768; i++) {    //i가 0~767이 될 때 까지 { }안의 내용을 반복
    if (i <= 255) {                  //빨강 -> 초록
      redRate = 255 - i;             //빨강을 점점 줄임
      greenRate = i;                 //초록을 점점 높임
      blueRate = 0;                  //파랑은 없음
    }
    else if (i <= 511) {             //초록 -> 파랑
      redRate = 0;                   //빨강은 없음
      greenRate = 255 - (i - 256);   // 초록을 점점 줄임
      blueRate = (i - 256);          //파랑을 점점 높임
    }
    else {                           //파랑 ->  빨강
      redRate = (i - 512);           //빨강을 점점 높임
      greenRate = 0;                 //초록은 없음
      blueRate = 255 - (i - 512);    //파랑을 점점 줄임
    }
    analogWrite(redPin, redRate);    //RED_PIN으로 redRate만큼 아날로그 값 출력
    analogWrite(greenPin, greenRate);
                                     //GREEN_PIN으로 greenRate만큼 아날로그 값 출력
    analogWrite(bluePin, blueRate);
                                     //BLUE_PIN으로 blueRate만큼 아날로그 값 출력
    delay(30);
  }
}
```

3) 스케치 분석

for (int i = 0; i < 768; i++)

　빨강, 초록, 파랑의 3개의 LED를 조금씩 값의 변화를 주어 점차 색상이 변화하도록 만들어야 합니다. 디지털 핀에서는 밝기를 0~255의 256단계로 조절이 가능합니다. 3개의 LED를 제어해야 하므로 256*3=768이 됩니다. 변수 I 값이 0부터 767까지 1씩 증가하는 반복문입니다.

if (i <= 255) { redRate = 255 - i; greenRate = i; blueRate = 0; }

　변수 i 값이 0~255일 경우 실행되는 내용입니다. 변수 i 값이 0일 경우는 빨간색이 되고 i 값이 255에 가까워질수록 초록색 색상으로 점차 변경 됩니다.

else if (i <= 511)
{ redRate = 0; greenRate = 255 - (i - 256); blueRate = (i - 256); }

　변수 i 값이 256~511일 경우 실행되는 내용입니다. 변수 i 값이 256일 경우는 초록색이 되고 i 값이 511에 가까워질수록 파란색 색상으로 점차 변경 됩니다.

else { redRate = (i - 512); greenRate = 0; blueRate = 255 - (i - 512); }

　변수 i 값이 512~768일 경우 실행되는 내용입니다. 변수 i 값이 512일 경우는 파랑색이 되고 i 값이 768에 가까워질수록 빨간색 색상으로 점차 변경 됩니다.

analogWrite(redPin, redRate);
analogWrite(greenPin, greenRate);
analogWrite(bluePin, blueRate);

　아두이노의 디지털 9, 10, 11번 핀은 모두 PWM을 지원하는 핀입니다. LED의 밝기를 조금씩 조절하기 위해서는 PWM이 지원되는 핀을 이용해야하고 analogWrite(핀 번호, 밝기 값); 형태로 사용해야 합니다. 3개의 LED에 각각 색상 값을 PWM으로 적용해 색상과 밝기가 조금씩 변하도록 적용한 것입니다.

4) 응용하기

· 버튼을 연결해 버튼을 누르면 현재 색이 유지되고 버튼을 누르지 않으면 자동으로 색상이 변하도록 해보세요.

1.2 나만의 온·습도계 만들기

앞서 온·습도 센서를 이용해 온도와 습도를 측정하는 방법을 알아보았습니다. 온·습도
센서와 1602 LCD를 이용해 집안의 온도와 습도를 측정하는 장치를 만들어보겠습니다.

프로젝트 명	나만의 온·습도계
필요 부품	아두이노 보드, 온·습도 센서(DHT11), 1602LCD+I2C 모듈, 케이블(암수) 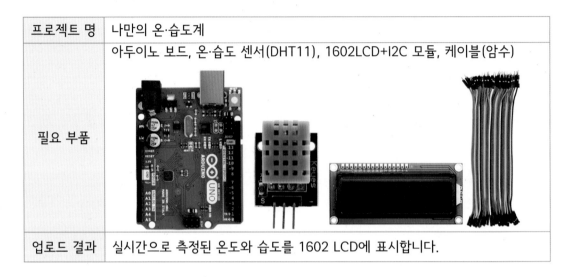
업로드 결과	실시간으로 측정된 온도와 습도를 1602 LCD에 표시합니다.

1) 연결 구성도

두 개 이상의 센서 등을 연결할 때에는 각 모듈마다 전원을 공급해야 합니다. 두 개
의 모듈이 모두 5V를 사용하는 경우에 아두이노는 기본적으로 5V로 표기된 커넥터가
하나밖에 없습니다. 이런 경우에는 IOREF 커넥터를 5V 커넥터로 사용하면 됩니다.

아두이노	1602LCD+I2C 모듈	아두이노	온·습도센서 모듈
A4	SDA	D2	S
A5	SCL	5V(IOREF)	+(VCC, 5V)
5V	+(VCC, 5V)	GND	-(G, GND)
GND	-(G, GND)		

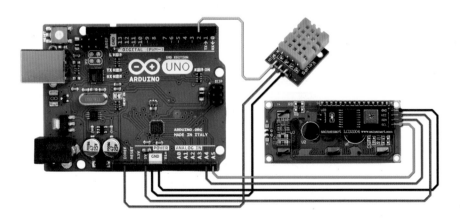

2) 스케치

```
#include <Adafruit_Sensor.h>       // Adafruit사의 센서 라이브러리
#include <DHT.h>                    // DHT 센서 라이브러리
#include <DHT_U.h>                  // DHT 통합 센서 라이브러리
#include <Wire.h>                   // Wire.h 파일 가져오기
#include <LiquidCrystal_I2C.h>      // LiquidCrystal_I2C.h 파일 가져오기
#define DHTPIN 2                    // DHT 센서 Signal D2번 핀에 연결
#define DHTTYPE DHT11               // DHT 센서 종류(DHT11)

DHT_Unified dht(DHTPIN, DHTTYPE);   // dht 통합 객체 선언
uint32_t delayMS;                   // delay 시간 설정 객체
LiquidCrystal_I2C lcd(0x3F, 16, 2); // 대부분 0x27 사용, 일부 0x3F 사용

void setup() {
  dht.begin();                      // dht 시작 함수 호출
  lcd.begin();                      // LCD 초기화
  sensor_t sensor;                  // 센서 객체 선언
  delayMS = sensor.min_delay / 1000; // delay 시간 계산
}

void loop() {
  delay(delayMS);
  sensors_event_t event;            // envet 객체 선언
  lcd.backlight();                  // 백라이트 켜기
  dht.temperature().getEvent(&event); // 온도 측정 함수 호출
  lcd.home();                       // lcd 커서를 0,0으로 이동
  lcd.print("temp : ");
  lcd.print(event.temperature);     // 온도 표시
  dht.humidity().getEvent(&event);  // 습도 측정 함수 호출
  lcd.setCursor(0,1);               // lcd 커서를 두 번째 줄로 이동
  lcd.print("humi : ");
  lcd.print(event.relative_humidity); // 습도 표시
}
```

3) 스케치 분석

lcd.home();

　　1602 LCD에 텍스트를 표시할 때에는 왼쪽 상단을 기준으로 0,0(칸 번호, 줄 번

호)을 기준으로 텍스트를 나타냅니다. 스케치가 처음 실행될 때에는 0,0을 기준으로 나타낼 텍스트를 프린트 합니다. 하지만 2번째 실행부터는 텍스트가 마지막으로 프린트된 다음 칸에 커서가 위치해 있기 때문에 lcd.home();을 이용해 커서의 위치를 0,0으로 위치하도록 해야 두 번째 실행시에도 0,0부터 텍스트를 프린트 할 수 있습니다.

0,0	1,0	2,0	3,0	4,0	5,0	6,0	7,0	8,0	9,0	10,0	11,0	12,0	13,0	14,0	15,0
0,1	1,1	2,1	3,1	4,1	5,1	6,1	7,1	8,1	9,1	10,1	11,1	12,1	13,1	14,1	15,1

〈커서 위치 정보〉

lcd.setCursor(0,1);

1602 LCD에 온도를 첫 번째 줄에 프린트 후 커서가 프린트한 텍스트 다음 칸에 있게 됩니다. lcd.setCursor();를 사용하지 않으면 첫 번째 줄 텍스트에 이어서 텍스트를 프린트하게 됩니다. lcd.setCursor(0,1);로 두 번째 줄 첫 번째 칸에 커서를 이동시킨 후 텍스트가 프린트 되도록 합니다.

1.3 미세먼지 측정기 만들기

봄이 되면 중국에서 바람을 타고 우리나라로 오는 많은 양의 미세먼지는 골칫거리입니다. 집안에서 미세먼지 농도를 체크할 수 있는 먼지 센서를 사용해보겠습니다. 공기 청정기에 들어있는 먼지 측정 센서도 비슷한 형태로 동작합니다. 일정 수치 이상의 먼지가 감지되면 붉은색 LED를 켜고, 먼지가 많지 않은 경우에는 초록색 또는 파랑색 LED가 켜지도록 합니다. 담배연기, 가스 등의 먼지 농도를 측정하는 센서는 다양합니다. 일반적으로 적외선 송신기, 수신기를 이용해 미세입자에 의해 반사되는 빛의 양을 측정하는 방식으로 동작합니다. 아두이노에서는 일반적으로 다음의 2가지 먼지 센서가 많이 사용됩니다.

GP2Y1010AU0F   GP2Y1010AU0F 모듈   PPD42NS

이번 프로젝트에서는 샤프에서 출시한 GP2Y1010AU0F 센서 모듈을 이용해 미세먼지를 측정해보겠습니다.

프로젝트 명	미세먼지 측정기
필요 부품	아두이노 보드, 먼지 센서(GP2Y1010AU0F) 모듈, 케이블(수수, 암수) 
업로드 결과	미세먼지 센서에서 측정된 값을 시리얼 모니터에 나타냅니다.

1) 연결 구성도

먼지 센서 모듈을 연결하는 경우 아래와 같은 방법으로 연결합니다.

아두이노	먼지 센서(GP2Y1010AU0F) 모듈
D2	ILED
A0	AOUT
5V	VCC(+, 5V)
GND	GND(-, G)

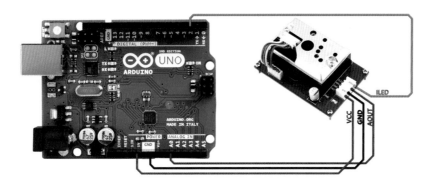

먼지 센서 모듈이 아닌 센서를 직접 아두이노에 연결하는 경우에는 저항(150ohm)과 캐패시터(220uF)가 필요합니다. 대부분 센서를 구입할 때 포함되어 있습니다. 먼지 센서 연결 방법입니다.

2) 스케치

```
int measurePin = 0;
int ledPower = 2;
int samplingTime = 280;
int deltaTime = 40;
int sleepTime = 9680;
float voMeasured = 0;
float calcVoltage = 0;
float dustDensity = 0;

void setup(){
  Serial.begin(9600);
  pinMode(ledPower,OUTPUT);
}

void loop(){
  digitalWrite(ledPower,LOW);               // power off the LED
  delayMicroseconds(samplingTime);
  voMeasured = analogRead(measurePin);      // read the dust value
  delayMicroseconds(deltaTime);
  digitalWrite(ledPower,HIGH);              // power on the LED
  delayMicroseconds(sleepTime);

  calcVoltage = voMeasured * (5.0 / 1024.0);
  dustDensity = 0.17 * calcVoltage - 0.1;

  Serial.print("Raw Signal Value (0-1023): ");
  Serial.print(voMeasured);
  Serial.print(" - Voltage: ");
  Serial.print(calcVoltage);
  Serial.print(" - Dust Density: ");
  Serial.println(dustDensity);             // unit: mg/m3
  delay(1000);
}
```

3) 스케치 분석

calcVoltage = voMeasured * (5.0 / 1024.0); dustDensity = 0.17 * calcVoltage - 0.1;

적외선 LED Pin(센서 3번 핀, D2에 연결되는 핀)을 LOW 상태로 바꾼 후 센서 값을 측정하고, 다시 HIGH 상태로 바꿔줍니다. 아날로그 핀(센서 5번 핀, A0에 연결되는 핀)에서 값을 읽어와 전압(Voltage) 단위로 변환합니다. 그리고 전압에 해당되는 농도값을 계산합니다. 출력 전압에 따라 먼지 농도가 그래프와 같이 변합니다.

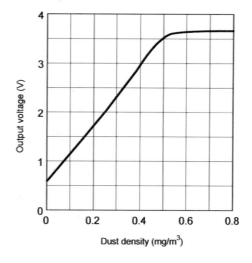

4) 실행 결과

스케치 업로드가 완료되면 시리얼 모니터를 실행합니다. 먼지의 감도가 표시됩니다. 중간 이후 수치가 올라간 것을 볼 수 있는데, 가글 후 먼지 센서에 입김을 불어넣어 수치를 확인한 것입니다. 참고로 시리얼 모니터로 확인한 먼지 감도 정보는 약간의 오차가 있을 수 있습니다. 샤프 먼지 센서(GP2Y1010AU0F) 모듈은 0.5V/0.1mg/m3 의 감도를 가지고 있습니다.

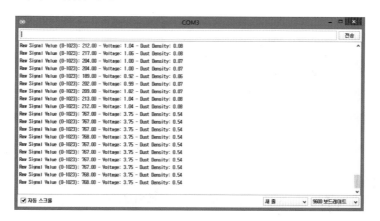

5)응용 예제

· 센서가 측정한 먼지 감도 정보를 1602 LCD에 표시해 우리집 미세먼지 측정기를 만들어 보세요.

1.4 스마트 전등 (가로등) 만들기

앞서 빛의 밝기에 따라 조절되는 조도 센서를 사용해보았습니다. 조도 센서와 릴레이를 이용하면 어두워졌을 때 자동으로 켜지는 전등을 만드는 것이 가능합니다. 빛의 밝기에 따라 자동으로 전등을 켜고 끄는 스마트 전등을 만들어보겠습니다.

프로젝트 명	스마트 전등(어두워지면 자동으로 켜지는 전등) 만들기
필요 부품	아두이노 보드, 조도센서 모듈, 릴레이 모듈, LED, 케이블(암수, 수수) 
업로드 결과	조도 센서 모듈에서 측정한 빛의 양에 따라 어두워지면(600 이하이면) 릴레이에 연결된 전등이 켜지고 빛이 밝아지면 꺼집니다.

1) 연결 구성도

아두이노	조도센서 모듈	아두이노	릴레이 모듈
A0	S(OUT)	D7	IN(S)
5V	+(VCC, 5V)	5V(IOREF)	VCC(+, 5V)
GND	-(G, GND)	GND	GND(-, G)

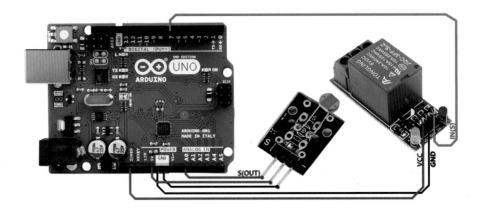

릴레이와 220V를 사용하는 전선을 연결할 경우에는 감전의 문제가 있을 수 있으므로 꼭 전원 연결을 해제한 상태에서 해야 합니다. 릴레이에는 제어할 220V 전등의 전

선을 한 가닥을 잘라 끊어진 두 부분을 릴레이의 NO와 C에 연결합니다.(두 가닥을 모두 자르지 않습니다) 참고로 NO(Normal Open)은 릴레이 신호가 off일 때에는 떨어져 있다가 릴레이신호가 on일 때 NO와 C가 연결됩니다. 반대로 NC(Normal Close)는 릴레이 신호가 off일 때에는 NC와 C가 연결되어 있다가 릴레이 신호가 on일 때 NC와 C가 떨어집니다.

2) 스케치

```
int pSensor = A0;                   // 조도센서 S핀 A0번에 연결
int relayPin = 7;                   // 릴레이 S(OUT)핀 7번에 연결

void setup() {
  Serial.begin(9600);
  pinMode(relayPin, OUTPUT);
}

void loop() {
  int readVal = analogRead(pSensor);    // A0 조도센서 값 readVal에 저장
  Serial.print("Read Value = ");  // 시리얼 모니터에
  Serial.println(readVal);        // 시리얼 모니터에 조도센서 값 프린트
  if(readVal >= 600) {            // 조도센서 값이 600 이상이면(어두워지면)
    digitalWrite(relayPin, LOW);  // 릴레이 켜기
  }
  else {                          // 조도센서 값이 600 미만이면(밝으면)
    digitalWrite(relayPin, HIGH); // 릴레이 끄기
  }
  delay(200);
}
```

3) 스케치 분석

digitalWrite(relayPin, LOW);

　릴레이 핀의 상태가 LOW이면 NO와 C를 연결하고, 릴레이 핀의 상태가 HIGH
이면 NC와 C를 연결하게 됩니다.

4) 실행 결과

　조도 센서 모듈에서 읽어온 값이 600 이상이면(1023에 가까울수록 어두운 상태, 0
에 가까울수록 밝은 상태) 어두워지는 상태이므로 릴레이를 켜게 됩니다.

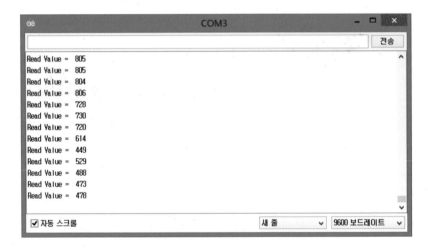

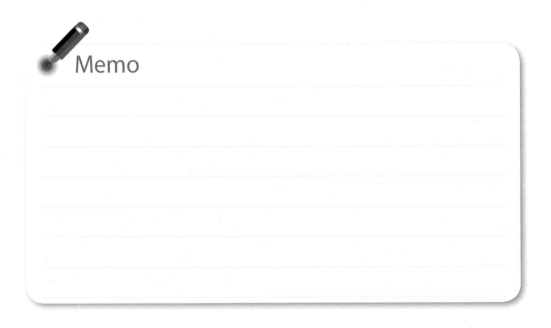

1.5 자동차 후방 감지기 만들기

자동차를 주차할 때 후진으로 주차 라인에 맞춰 자동차를 이동하게 됩니다. 이때 주차 후면의 벽이거나 장애물이 있을 경우에 '삑삑'하는 소리와 시간으로 장애물이 가까워지는 것을 확인할 수 있게 합니다. 초음파 센서로 거리를 측정해 거리에 따라 소리가 다르게 나오도록 되어있습니다. 아두이노에서는 거리를 측정할 수 있는 초음파 센서 모듈과 소리를 낼 수 있는 피에조 부저 센서 모듈을 이용해 이 기능을 구현할 수 있습니다.

프로젝트 명	자동차 후방 감지기 만들기
필요 부품	아두이노 보드, 초음파 센서(HC-SR04) 모듈, 피에조 모듈, 케이블(암수) 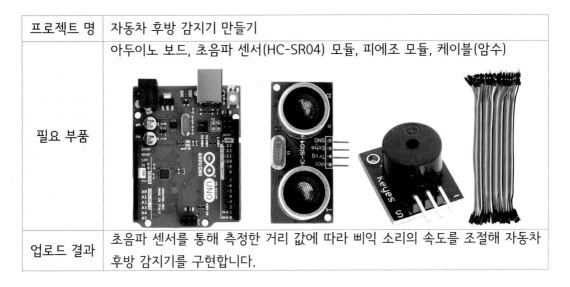
업로드 결과	초음파 센서를 통해 측정한 거리 값에 따라 삑익 소리의 속도를 조절해 자동차 후방 감지기를 구현합니다.

1) 연결 구성도

아두이노	초음파 센서 모듈	아두이노	피에조 모듈
D6	Trig	D5	S(OUT)
D7	Echo	5V(IOREF)	+(VCC, 5V)
5V	VCC(+, 5V)	GND	-(G, GND)
GND	GND(-, G)		

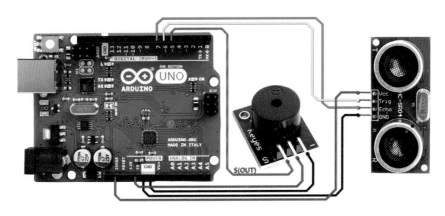

2) 스케치

```
int piezoPin = 5;
int trigPin = 6;
int echoPin = 7;

void setup() {
  Serial.begin(9600);
  pinMode(piezoPin, OUTPUT);
  pinMode(echoPin, INPUT);
  pinMode(trigPin, OUTPUT);
}

void loop() {
  float duration, cm;
  digitalWrite(trigPin, HIGH);
  delay(10);
  digitalWrite(trigPin, LOW);

  duration = pulseIn(echoPin,HIGH);          // 초음파 센서 응답 시간 체크
  cm = ((float)(340 * duration) / 10000) / 2;   // 응답시간을 거리(cm)로 계산
  noTone(piezoPin);
  Serial.println(cm);

  if(cm<100 && cm>=70)     { tone(piezoPin, 2000, 300); delay(1000); }
  else if(cm<70 && cm>=50) { tone(piezoPin, 2000, 200); delay(500);  }
  else if(cm<50 && cm>=30) { tone(piezoPin, 2000, 100); delay(200);  }
  else if(cm<30)           { tone(piezoPin, 2000, 50); delay(20);    }
}
```

3) 스케치 분석

noTone(piezoPin);

　피에조 부저의 소리를 중지하는 함수입니다. 잡음이나 접점 불량 등으로 나타날 수 있는 소리를 중지할 수 있도록 해줍니다.

if(cm<100 && cm>=70) { tone(piezoPin, 2000, 300); delay(1000); }

　초음파 센서 모듈로부터 측정된 응답시간을 거리로 환산한 값이 변수 cm에 저장되어 있습니다. 측정된 거리가 70이상, 100미만인지 확인해 범위 내에 있다면 { }안의 내용을 실행합니다. if의 조건 중 && 기호는 왼쪽과 오른쪽 두 가지 조건을 모두 만족해야할 경우에 사용하는 논리 연산자(AND)입니다. 두 가지 조건 중 한

가지만이라도 참일 경우의 논리 연산자는 ||(OR)입니다. 조건과 맞지 않는 경우를 찾을 경우에 사용하는 연산자로 !(NOT)의 논리 연산자가 있습니다. tone() 함수는 tone(핀 번호, 주파수, 출력시간); 형식으로 사용할 수 있습니다.

else if(cm<70 && cm>=50) { tone(piezoPin, 2000, 200); delay(500); }

첫 번째 if 연산자의 조건에 맞지 않은 경우입니다. 거리가 70cm 미만이면서 50cm 이상인 경우에 실행되는 내용입니다.

4) 실행 결과

초음파 센서가 측정값을 센티미터(cm) 단위로 계산해 거리에 따른 피에조 부저 소리를 길게 또는 짧게 낼 수 있도록 합니다. 시리얼 모니터로 거리를 확인할 수 있습니다.

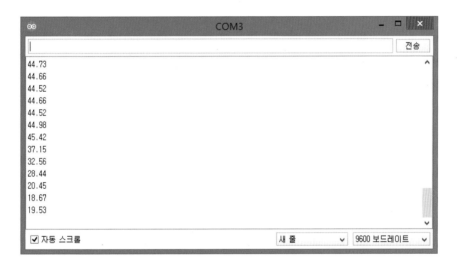

1.6 알코올(음주) 측정하기

가스를 측정하는 센서는 다양합니다. 집안의 가스레인지의 가스 유출 여부를 체크할 수 있는 센서도 있고, 특정 성분을 측정할 수 있는 센서도 있습니다. 대표적으로 MQ 시리즈의 센서가 많이 사용됩니다. 다음은 많이 사용되는 가스 센서입니다.

MQ-3 모듈   MQ-2 모듈   MQ-7 모듈

- MQ-2 : LPG, 부탄가스, 프로판가스, 메탄가스, 알코올, 수소가스, 연기 감지를 위한 아날로그 가스센서 모듈로 높은 민감도와 빠른 반응성, Potentiometer를 통한 민감도 조정이 가능합니다.

- MQ-3 : 알코올이나 벤젠 등의 감지에 사용하는 가스센서로 응답속도 및 반응이 빠르며 , TTL 및 아날로그 신호로 출력이 가능합니다.

- MQ-7 : 연탄가스, 보일러가스, 순간온수가스 등의 일산화탄소(CO)를 감지할 수 있는 센서입니다.

참고로 MQ-3 센서로 알코올 농도를 측정시 정확한 알코올 농도를 수치로 표현하는 것은 어렵습니다. 알코올 농도가 높다 또는 낮다 정도의 확인만 가능합니다. 알코올을 간략히 테스트해 볼 수 있는 측정기를 만들어보겠습니다.

프로젝트 명	알코올(음주) 측정하기
필요 부품	아두이노 보드, 알코올(MQ-3)센서 모듈, RGB SMD LED 모듈, 케이블(암수) 
업로드 결과	알코올 센서로 부터 측정된 값으로 알코올 농도에 따라 붉은색 LED를 켤 수 있습니다.

1) 연결 구성도

아두이노	MQ-3 센서 모듈	아두이노	SMD RGB LED 모듈
A0	AOUT	D9	R(Red)
D7	DOUT	D11	B(Blue)
5V	VCC(+, 5V)	GND	-(G, GND)
GND	GND(-, G)		

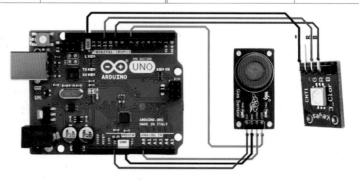

2) 스케치

```
int dCheck = 7;
int aCheck = A0;
int bluePin = 9;
int redPin = 11;

void setup() {
  pinMode(dCheck, INPUT);
  pinMode(redPin, OUTPUT);
  pinMode(bluePin, OUTPUT);
  Serial.begin(9600);
}

void loop() {
  int analogValue = analogRead(aCheck);
  int digitalValue = digitalRead(dCheck);
  int Result = map(analogValue, 0, 1023, 0, 255);

  if(analogValue <= 100) {
    analogWrite(redPin, 0);
    analogWrite(bluePin, 255);
  }
  else{
    analogWrite(redPin, Result);
    analogWrite(bluePin,255-Result);
  }
  Serial.println("------------");
  Serial.println(analogValue);
  Serial.println(digitalValue);
  Serial.println(Result);
  delay(500);
}
```

3) 스케치 분석

int analogValue = analogRead(aCheck);

아두이노 A0핀에 연결된 MQ-3 센서로부터 읽어온 값(0~1023)을
analogValue 변수에 저장합니다.

```
int Result = map(analogValue, 0, 1023, 0, 255);
```

analogValue 변수의 값을 읽어와 0~1023 범위의 값을 0~255의 값으로 변환 후 Result 변수에 저장합니다.

```
if(analogValue <= 100) { analogWrite(redPin, 0); analogWrite(bluePin, 255); }
```

MQ-3 센서로부터 읽어온 아날로그 값이 100 이하이면 빨간색 LED는 *끄고*, 파란색 LED만 켭니다.

```
else{ analogWrite(redPin, Result); analogWrite(bluePin,255-Result); }
```

MQ-3 센서로부터 읽어온 아날로그 값이 100 이상이면 빨간색 LED를 Result 만큼 켜고, 파란색 LED는 255-Result 만큼 끕니다. 즉, 측정된 값이 클수록(알코올 농도가 높을수록) 파란색 LED는 밝기가 점점 어두워지고, 빨간색 LED는 점점 밝아지게 됩니다.

4) 실행 결과

LED의 색상으로 결과를 확인해볼 수 있습니다. 알코올 농도가 낮은 일반적인 환경의 경우 파란색 LED만 켜지고 알코올 농도에 따라 빨간색 LED가 점점 밝게 표시됩니다. 알코올 농도 측정은 구강 청결제(가글)를 이용하면 좋습니다.

물론 시리얼 모니터를 통해서도 측정된 값을 확인할 수 있습니다. 아래 시리얼 모니터의 값 중 왼쪽 창은 일반적인 환경에서의 측정값이고, 오른쪽 창은 구강 청결제 앞에 가져갔을 때의 결과입니다.

2절 모터 활용하기

2.1 DC 모터 연결 및 제어

모터의 종류는 DC모터, SERVO 모터, STEP 모터 등이 있습니다. 일반적으로 장난감이나 소형기기에 들어있는 모터는 대부분 DC 모터입니다. 아두이노에서는 DC 모터도 쉽게 제어가 가능합니다. DC 모터 제어가 가능하면 선풍기, RC카 등의 모터를 사용하는 제품을 제작하는 것이 가능합니다. DC 모터 제어에 대해 알아보겠습니다.

프로젝트 명	DC 모터 연결 및 제어하기
필요 부품	아두이노 보드, DC모터, 프로펠러, 케이블(암수)
업로드 결과	아두이노로 DC 모터를 켜고 끌 수 있습니다.

1) 연결 구성도

아두이노	DC 모터
D9	+(왼쪽 핀)
GND	-(오른쪽 핀)

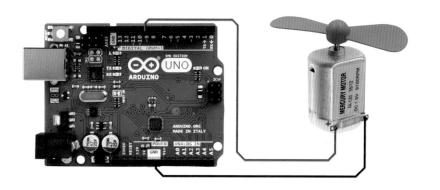

2) 스케치

```
int mortorPin = 9;

void setup() {
  pinMode(mortorPin, OUTPUT);
}

void loop() {
  analogWrite(mortorPin, 150);      //모터 구동(중간 속도)
  delay(3000);
  analogWrite(mortorPin, 255);      //모터 구동(최대 속도)
  delay(3000);
  analogWrite(mortorPin, 0);        //모터 구동 중지
  delay(3000);
}
```

3) 스케치 분석

위 스케치를 업로드 후 테스트 했을 때 모터가 구동되지 않는 경우도 있습니다. 가장 큰 이유는 모터가 소비하는 전류의 량에 있습니다. 아두이노 보드의 디지털 핀에 공급되는 전류의 양(40mA)이 많지 않아 소형 모터가 아닌 경우에는 구동하기 어렵습니다. 이런 경우에는 해결 방법은 두 가지가 있습니다. 첫 번째는 PN2222 트랜지스터와 1N4001 다이오드, 220옴 저항을 이용하는 방법입니다.

PN 2222 트랜지스터   1N4001 다이오드

위 부품을 아래와 같이 연결합니다. 테스트 결과 모터가 구동되지 않는다면 컴퓨터 USB 포트의 공급 전류가 적기 때문입니다. 이런 경우에는 USB 케이블 대신 9V 사각 건전지를 아두이노에 연결해 전원을 공급하는 방법으로 해결이 가능합니다.

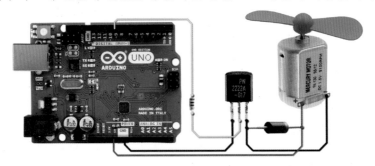

두 번째 방법은 모터 드라이버 모듈을 이용하는 방법으로 다음 프로젝트에서 다루도록 하겠습니다.

2.2 모터 드라이버를 이용한 모터 제어

모터 드라이버는 아두이노의 적은 전류량으로 제어가 힘든 모터를 연결해 제어할 수 있도록 해주는 역할을 합니다. 또한 모터의 회전 방향도 제어할 수 있어 다양한 형태로 활용이 가능합니다.

L9110S　　**L298N**　　**L293D(쉴드)**

모터 드라이버 연결로 모터의 회전방향을 제어하는 프로젝트를 진행해 보겠습니다.

프로젝트 명	모터 드라이버를 이용한 회전 방향 제어하기
필요 부품	아두이노 보드, 모터 드라이버(L9110S), DC모터, 프로펠러, 케이블(암수) 
업로드 결과	시리얼 모니터 입력란에 회전 방향(1,2,3)과 속도(0~255)를 숫자로 입력해 모터의 회전 방향과 속도를 제어할 수 있습니다.

1) 연결 구성도

DC 모터의 경우 전선 연결 부위가 보이는 부분을 정면으로 바라본 상태에서 왼쪽과 오른쪽으로 구분해 연결합니다.

아두이노	모터 드라이버(L9110S)	모터 드라이버(L9110S)	DC 모터
D5	A-IB	MOTOR-A(왼쪽)	+(왼쪽)
D6	A-IA	MOTOR-A(오른쪽)	-(오른쪽)
5V	VCC(+, 5V)		
GND	GND(-, G)		

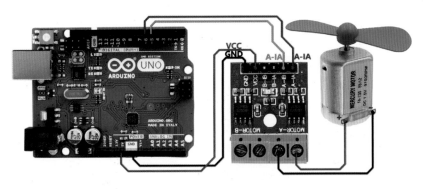

2) 스케치

```
int mLPin = 5;          // 모터가 정 방향으로 회전할 때 사용하는 핀
int mRPin = 6;          // 모터가 역 방향으로 회전할 때 사용하는 핀

void setup() {
  pinMode(mLPin, OUTPUT);
  pinMode(mRPin, OUTPUT);
  Serial.begin(9600);
  Serial.println("Input Motor Direction & Speed");
  Serial.println("ex, 1 100, 2 50, 3");
}

void loop() {
  if (Serial.available()) {
    long direction = Serial.parseInt();     // 모터의 회전방향 가져오기
    long speed = Serial.parseInt();         // 모터의 속도 값 가져오기
    Serial.println(direction);
    Serial.println(speed);
    if (direction == 1) {
      analogWrite(mLPin, speed);
    }
    else if (direction == 2) {
      analogWrite(mRPin, speed);
    }
    else if (direction == 3) {
      analogWrite(mLPin, 0);
      analogWrite(mRPin, 0);
    }
  }
}
```

3) 스케치 분석

if (Serial.available()) { }

시리얼 모니터의 입력이 있으면 { }의 내용 실행하는 조건입니다.

long direction = Serial.parseInt();

시리얼 모니터에서 읽어온 값에서 첫 번째 입력 값을 long 타입으로 변환해 direction 변수에 넣어주는 문장입니다.

long speed = Serial.parseInt();

시리얼 모니터에서 읽어온 문자열 중 두 번째 입력 값을 long 타입으로 변환해 speed 변수에 넣어주는 문장입니다.

if (direction == 1) { analogWrite(mLPin, speed); }

회전방향 값이 1과 같은지 비교해 같다면 아두이노 5번 핀으로 speed 값만큼 전력을 공급합니다. 모터가 정 방향으로 회전하게 됩니다. analogWrite가 인식 가능한 범위는 0~255까지입니다.

else if (direction == 2) { analogWrite(mRPin, speed); }

회전방향 값이 2와 같은지 비교해 같다면 아두이노 6번 핀으로 speed 값만큼 전력을 공급합니다. 모터가 역방향으로 회전하게 됩니다.

else if (direction == 3) { analogWrite(mLPin, 0); analogWrite(mRPin, 0); }

회전 방향 값이 3이면 모터의 전원을 차단해 모터의 구동을 정지시킵니다.

4) 실행 결과

스케치 업로드 후 시리얼 모니터를 실행합니다. 상단 입력란에 '1 100'을 입력하고 [전송]을 클릭합니다. 모터가 정 방향으로 회전합니다. 이번에는 '3'을 입력합니다. 모터가 정지됩니다. '2 150'을 입력합니다. 모터가 역방향으로 회전하게 됩니다.

2.3 선풍기 만들기

모터 드라이버와 DC 모터만 있다면 집에 있는 선풍기와 비슷한 제품을 구현할 수 있습니다. 버튼 모듈을 4개 준비해 정지, 1단, 2단, 3단의 역할로 구성하고 각 버튼을 눌렀을 때 모터의 회전수를 제어해 바람의 세기 조절이 가능합니다. 하지만 대부분 버튼 모듈을 여러 개 가지고 있는 경우는 많지 않기 때문에 이번 프로젝트에서는 하나의 버튼을 이용해 누를 때마다 정지, 1단, 2단, 3단을 반복할 수 있도록 구현해보겠습니다.

프로젝트 명	모터 드라이버를 이용한 회전 방향 제어하기
필요 부품	아두이노 보드, 모터 드라이버(L9110S), DC모터, 버튼 모듈, 케이블(암수) 
업로드 결과	버튼을 누를 때마다 정지, 1단, 2단, 3단의 속도로 조절되는 모터를 제어할 수 있습니다.

1) 연결 구성도

DC 모터의 경우 전선 연결 부위가 보이는 부분을 정면으로 바라본 상태에서 왼쪽과 오른쪽으로 구분해 연결합니다.

아두이노	모터 드라이버(L9110S)	아두이노	버튼 모듈
D6	A-IA	D5	S(Signal)
5V	VCC(+, 5V)	5V	+(VCC, 5V)
GND	GND(-, G)	GND	-(G, GND)

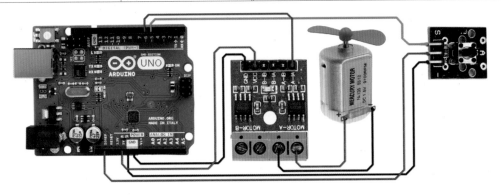

2) 스케치

```
int buttonPin = 5;
int motorPin = 6;
int level = 0;

void setup() {
  pinMode(buttonPin, INPUT);
  pinMode(motorPin, OUTPUT);
}

void loop() {
  if (!digitalRead(buttonPin)) {          // 버튼이 눌렸을 경우에만 { } 실행
    if (level == 0) {
      analogWrite(motorPin, 70);
      level++;
    }
    else if (level == 1) {
      analogWrite(motorPin, 150);
      level++;
    }
    else if (level == 2) {
      analogWrite(motorPin, 255);
      level++;
    }
    else if (level == 3) {
      analogWrite(motorPin, 0);
      level=0;
    }
  }
  delay(200);
}
```

3) 스케치 분석

int level = 0;

　　정수형 변수 level에 0을 저장하는 명령문입니다. 지금까지 사용해왔던 변수
와 다른 점이 크게 없습니다. 한 가지 차이가 있다면 변수가 선언된 위치입니다.
setup() 이나 loop() 내에서 사용하지 않고 상단에서 선언을 하였습니다. 상단에
선언한 변수를 전역 변수, 특정 함수 내(setup() , loop())에서 변수를 선언하면 지
역 변수라고 합니다. 전역 변수를 선언하면 이후 모든 스케치에서 사용할 수 있습
니다. 함수 내에서 변수를 선언하고 사용하면 해당 함수 내에서만 해당 변수를 사

용할 수 있게 됩니다. level 변수를 전역 변수가 아닌 loop() 안에 지역 변수로 선언하면 한번 실행이 되고 다시 재실행될 때 변수에 저장된 값이 초기화 됩니다. 그렇기 때문에 실행하는 내내 변수의 값을 원하는 값으로 설정하고 사용하고자 할 때에는 전역 변수로 선언하고 사용해야 합니다.

if (!digitalRead(buttonPin)) { }
    버튼이 눌렸을 경우에만 { } 내의 내용이 실행됩니다.

4) 응용 예제

· 초음파 센서를 이용해 사람이 일정 거리 안에 있으면 선풍기(모터)를 켜는 인공지능 선풍기를 구현해 보세요.

2.4 서보 모터 연결 및 제어

서보모터는 동력원에 따라 전기식(서보 전동기), 공기식(공기 서보모터), 유압식(유압 모터) 등이 있으며, 보통 서보모터라고 하면 서보 전동기를 가리키는 경우가 많습니다. 일반적인 DC 모터는 360도 회전이 가능하지만 서보 모터는 일정한 각도로 회전각을 제어할 수 있도록 만들어진 모터로 180도 까지만 회전이 가능합니다. 사용자가 원하는 각도로 제어가 가능하므로 정확한 위치 제어가 가능합니다. 서보 모터는 로봇의 팔, 다리 손가락 등을 제어할 때 많이 사용합니다. 산업용 제품에서도 공장 자동화에 사용되는 로봇 팔에 많이 사용하고 있습니다. 서보 모터를 제어하는 프로젝트를 진행해 보겠습니다.

프로젝트 명	서보 모터 회전 방향 제어하기
필요 부품	아두이노 보드, 서보 모터(SG90), 케이블(수수)
업로드 결과	서보 모터의 회전각을 원하는 각도로 제어할 수 있습니다.

1) 연결 구성도

아두이노	서보 모터(SG90)
D9	주황색(노란색)
5V	빨간색
GND	갈색

2) 스케치

```
#include <Servo.h>
Servo myservo;
int pos = 0;

void setup() {
  myservo.attach(9);
}

void loop() {
  for (pos = 0; pos <= 180; pos += 1) {  // 0부터 180까지 1씩 증가
    myservo.write(pos);                   // 각도 조절(증가)
    delay(15);
  }
  for (pos = 180; pos >= 0; pos -= 1) {  // 180부터 0까지 1씩 감소
    myservo.write(pos);                   // 각도 조절(감소)
    delay(15);
  }
}
```

3) 스케치 분석

#include <Servo.h>

아두이노에서 제공하는 라이브러리인 Servo.h를 포함시키는 명령어입니다.

Servo myservo;

　　서보 객체를 생성하는 명령어입니다. 생성된 객체는 myservo입니다. 객체 (Object)는 변수(Variables)와 메서드(Method)의 모음입니다. 하나의 변수로 처리하기 어려운 복잡한 구조의 작업을 처리하기 위해 사용하는 것입니다. Servo는 앞서 포함한 Servo.h에 자세히 기술되어 있습니다. 다시 말하면 서보모터를 제어하기 위해서는 서보모터가 가지고 있는 다양한 부품들과 움직임들을 제어해야 합니다. 이러한 기능을 사용자가 직접 정의하고 사용하려면 스케치 내용이 너무 길어지고 복잡해지니 쉽게 서보모터를 제어하려면 Servo라는 객체를 가져와 사용하면 된다는 의미입니다.

myservo.attach(9);

　　서보 모터를 초기화 하는 명령어입니다. 9번 핀에 연결되어 있다는 것을 객체에게 전달해주는 역할과 동작에 필요한 기본 설정을 담당하는 부분입니다.

for (pos = 0; pos <= 180; pos += 1) { myservo.write(pos); }

　　변수 pos의 값이 0에서 180이 될 때까지 { }안의 내용을 반복합니다. myservo.write(pos);는 서보모터의 각도를 입력해 원하는 각도로 제어할 수 있는 명령어입니다. 0도부터 180도까지 1도씩 이동하는 명령어입니다

for (pos = 180; pos >= 0; pos -= 1) { myservo.write(pos); }

　　변수 pos의 값이 180에서 0이 될 때까지 { }안의 내용을 반복합니다. myservo.write(pos);의 180에서 1씩 감소하며 0이 될 때까지 반복합니다. 다시 말해 180도에서 0도까지 1도씩 이동하는 명령어입니다.

4) 응용 예제

· 1회전 가변 저항과 서보 모터를 연결해 가변 저항의 회전 값에 맞춰 서보 모터의 각도가 조절되도록 구현해 보세요.

2.5 자동으로 열고 닫히는 스마트 휴지통

실생활에서 많이 사용하는 제품들을 좀 더 스마트하게 만드는 방법을 알아보겠습니다. 이번 프로젝트에서는 자동으로 열리고 닫히는 스마트 휴지통을 만들어보겠습니다. 스마트 휴지통을 만들기 위해서는 거리를 측정하는 초음파 센서 모듈과 서보 모터를 이용하면 됩니다.

프로젝트 명	자동으로 열리고 닫히는 스마트 휴지통
필요 부품	아두이노 보드, 초음파센서(HC-SR04) 모듈, 서보 모터(SG90), 케이블(암수, 수수) 
업로드 결과	초음파 센서로 거리를 측정 후 일정 거리(40cm) 안에 물체가 감지되면 휴지통이 자동으로 열리도록 합니다.

1) 연결 구성도

아두이노	초음파 센서	아두이노	서보 모터
D6	Echo	D9	주황색(노란색)
D7	Trig	5V	빨간색
5V	VCC(+, 5V)	GND	갈색
GND	GND(-, G)		

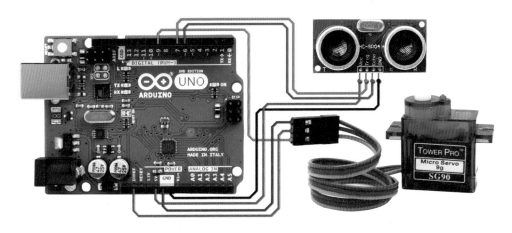

2) 스케치

```
#include <Servo.h>
Servo myservo;
int pos = 0;
int echoPin = 6;
int trigPin = 7;
int servoPin = 9;

void setup() {
  Serial.begin(9600);
  myservo.attach(servoPin);          // 서버 모터 연결 핀 번호 정의
  myservo.write(0);                  // 초기 서보모터 각도 0도로 초기화
  pinMode(echoPin, INPUT);
  pinMode(trigPin, OUTPUT);
  pinMode(servoPin, OUTPUT);
}

void loop() {
  float duration, cm;
  digitalWrite(trigPin, HIGH);
  delay(10);
  digitalWrite(trigPin, LOW);

  duration = pulseIn(echoPin,HIGH);       // 초음파 센서 응답 시간 체크
  cm = ((float)(340 * duration) / 10000) / 2; // 응답시간을 거리(cm)로 계산
  Serial.println(cm);
  if(cm <= 40) {
    myservo.write(60);                // 휴지통 열 수 있는 각도
    delay(500);
  }
  else{
    myservo.write(0);                 // 휴지통 닫는 각도
    delay(500);
  }
}
```

3) 스케치 분석

#include <Servo.h>

아두이노에서 제공하는 라이브러리인 Servo.h를 포함시키는 명령어입니다.

Servo myservo;

서보 객체를 생성하는 명령어입니다. 생성된 객체는 myservo입니다.

myservo.attach(9); myservo.write(0);

　myservo.attach(9); 는 서보 모터를 초기화 하는 명령어입니다. 9번 핀에 연결되어 있다는 것을 객체에게 전달합니다. myservo.write(0); 는 서보모터의 각도를 0도로 초기화 하는 명령어입니다.

duration = pulseIn(echoPin,HIGH);

　초음파 센서가 신호를 내보내고 다시 돌아오는 시간을 측정해 duration 변수에 저장합니다.

cm = ((float)(340 * duration) / 10000) / 2;

　duration 변수에 저장된 값을 센티미터(Centimeter) 단위로 환산하는 계산식입니다. 계산된 값을 변수 cm에 저장합니다.

if(cm <= 40) { myservo.write(60); delay(500); }

　계산된 거리가 40cm 이하이면 서보모터의 각도를 60도로 조절(휴지통을 오픈)합니다. 휴지통의 형태나 서보모터의 장착 상태에 따라 각도는 사용자가 알맞게 조절해야 합니다.

4) 제작 스마트 휴지통

　휴지통에 초음파 센서가 거리를 체크할 수 있도록 구멍을 뚫고 내부에 아두이노와 배터리를 연결해 작동을 테스트한 사진입니다. 서보모터는 60도의 각도로 회전을 했을 때 휴지통 문이 열리도록 해야합니다. 서보모터에 긴 날개를 달아 휴지통 문이 열릴 수 있도록 해야합니다. 그리고 서보모터와 아두이노 보드 등이 휴지통 내부에 고정될 수 있도록 글루건으로 고정해 줍니다.

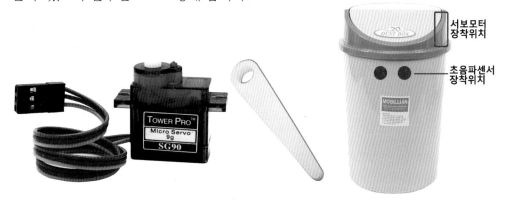

서보모터
장착위치

초음파센서
장착위치

3절 # 무선으로 제어하기

3.1 IR신호 수신하기

　IR은 Infra-Red의 약어로 적외선을 이용한 신호 송·수신 장치로 가시광선보다 파장이 긴 전자기파입니다. 쉽게 말하면 빛이지만 사람 눈에 보이지는 않습니다. 가시광선 영역에서 빨간 색 쪽으로 벗어나므로 적외선이라고 부르는 것입니다. 적외선을 이용한 센서는 다양한 용도로 사용되고 있습니다. 가장 대표적으로 집에서 많이 사용하는 리모컨입니다.

　TV를 비롯해 선풍기, 전등, 에어컨, 커튼, 카메라 등 다양한 기기를 리모컨을 이용해 제어할 수 있습니다. IR은 송신기와 수신기로 분류됩니다. 예를 들어 TV 리모컨은 IR 송신기가 있어 신호를 보낼 수 있으며, TV에는 IR 수신기가 장착되어 있어 리모컨 신호를 받아 TV를 켜거나 채널 변경, 볼륨 조절 등의 기능을 사용할 수 있습니다. 오른쪽 사진은 아두이노에서 사용 가능한 IR 송수신 키트입니다.

IR 리모컨 **IR수신 모듈** **IR송신 LED**

　아두이노와 IR 신호 수신기를 이용하면 집에서 사용하는 다양한 리모컨의 수신 정보를 확인할 수 있습니다. IR 수신은 센서와 모듈을 이용하는 방법이 같습니다. 이 정보를 송신기를 이용해 신호로 보내면 리모컨과 똑같은 역할을 할 수 있습니다. 먼저 수신기를 이용해 집안의 리모컨 버튼을 눌렀을 때 정보를 수신하는 방법을 알아보겠습니다.

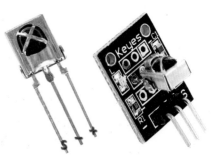

IR 수신 센서 **IR 수신 센서 모듈**

프로젝트 명	리모컨 신호 수신하기
필요 부품	아두이노 보드, IR 수신 모듈, 케이블(암수) 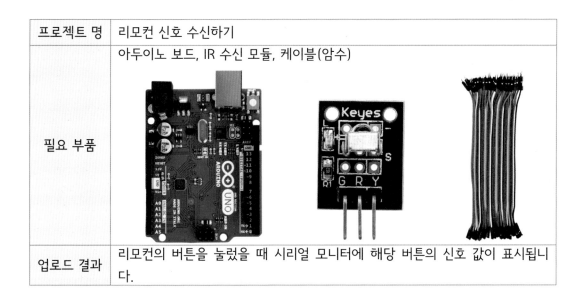
업로드 결과	리모컨의 버튼을 눌렀을 때 시리얼 모니터에 해당 버튼의 신호 값이 표시됩니다.

1) 연결 구성도

아두이노	IR 수신 모듈
D11	S(Y)
5V	+(R)
GND	-(G)

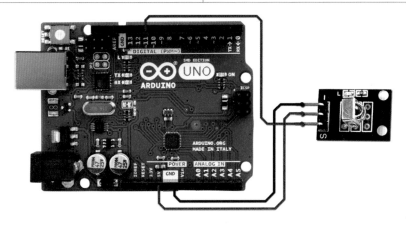

2) 스케치

① 아두이노에서 IR 송·수신 센서를 사용하려면 라이브러리를 추가해야 합니다. 아래 라이브러리 주소에서 라이브러리를 다운로드 받습니다.

IR 라이브러리 다운로드 URL : https://github.com/ z3t0/Arduino-IRremote

② 라이브러리 다운로드가 완료되면 아두이노 IDE를 실행합니다. [스케치]-[라이브러리 포함하기]를 클릭 후 [.ZIP 라이브러리 추가...]를 클릭합니다. '다운로드' 폴더의 [Arduino-IRremote-master.zip]를 클릭 후 [열기]를 클릭하면 라이브러리 추가가 완료됩니다.

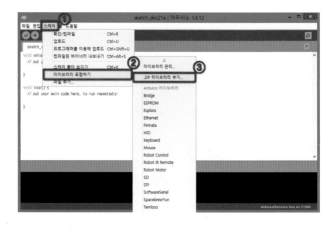

③ 등록한 라이브러리를 이용한 스케치를 불러오겠습니다. [파일]-[예제]-[IRremote]-[IRrecvDumpV2]를 클릭합니다.

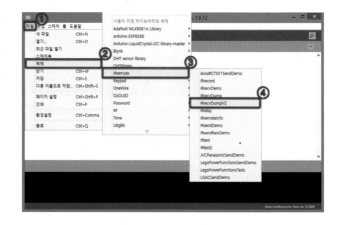

④ 불러온 코드입니다. 일부 중요하지 않은 코드는 삭제했습니다.

```
#include <IRremote.h>
int recvPin = 11;
IRrecv irrecv(recvPin);

void  setup ( ) {
  Serial.begin(9600);
  irrecv.enableIRIn();
}

void  ircode (decode_results *results) {
  if (results->decode_type == PANASONIC) {
    Serial.print(results->address, HEX);
    Serial.print(":");
  }
  Serial.print(results->value, HEX);
}

void  encoding (decode_results *results) {
  switch (results->decode_type) {
    default:
    case UNKNOWN:       Serial.print("UNKNOWN");        break ;
    case NEC:           Serial.print("NEC");            break ;
    case SONY:          Serial.print("SONY");           break ;
    case RC5:           Serial.print("RC5");            break ;
    case RC6:           Serial.print("RC6");            break ;
    case DISH:          Serial.print("DISH");           break ;
    case SHARP:         Serial.print("SHARP");          break ;
    case JVC:           Serial.print("JVC");            break ;
    case SANYO:         Serial.print("SANYO");          break ;
    case MITSUBISHI:    Serial.print("MITSUBISHI");     break ;
    case SAMSUNG:       Serial.print("SAMSUNG");        break ;
    case LG:            Serial.print("LG");             break ;
    case WHYNTER:       Serial.print("WHYNTER");        break ;
    case AIWA_RC_T501:  Serial.print("AIWA_RC_T501");   break ;
    case PANASONIC:     Serial.print("PANASONIC");      break ;
    case DENON:         Serial.print("Denon");          break ;
  }
}
```

```
void dumpInfo (decode_results *results) {
  if (results->overflow) {
    Serial.println("IR code too long. Edit IRremoteInt.h and increase RAWLEN");
    return;
  }
  Serial.print("Encoding  : ");
  encoding(results);
  Serial.println("");
  Serial.print("Code      : ");
  ircode(results);
  Serial.print(" (");
  Serial.print(results->bits, DEC);
  Serial.println(" bits)");
}

void dumpCode (decode_results *results) {
  if (results->decode_type != UNKNOWN) {
    if (results->decode_type == PANASONIC) {
      Serial.print("unsigned int  addr = 0x");
      Serial.print(results->address, HEX);
      Serial.println(";");
    }
    Serial.print("unsigned int  data = 0x");
    Serial.print(results->value, HEX);
    Serial.println(";");
  }
}

void loop ( ) {
  decode_results results;              // Somewhere to store the results
  if (irrecv.decode(&results)) {       // Grab an IR code
    dumpInfo(&results);                // Output the results
    dumpCode(&results);                // Output the results as source code
    Serial.println("");                // Blank line between entries
    irrecv.resume();                   // Prepare for the next value
  }
}
```

3) 스케치 분석

#include <IRremote.h>

라이브러리 파일 IRremote.h를 포함시키는 명령어입니다.

int recvPin = 11; IRrecv irrecv(recvPin);

recvPin 변수에 11을 넣고, IR 수신 모듈의 신호 수신 핀이 아두이노 11번 핀에 연결되어있다는 내용을 IR 수신 모듈에 알려주는 역할을 하는 irrecv 객체를 생성합니다.

irrecv.enableIRIn();

IR 신호를 수신할 수 있는 상태를 만들어주는 함수입니다.

void ircode (decode_results *results) { }

수신한 IR 신호의 Encode 타입을 확인하는 함수입니다. 리모컨을 눌렀을 때 IR 수신 모듈이 신호를 받으면 신호 코드를 분석해 제조사에 따라 사용하는 Encode 타입이 구분됩니다. 이 함수에서는 받은 신호를 분석해 제조사를 구분할 수 있도록 해줍니다.

void dumpCode (decode_results *results) { }

수신한 코드 중 decode한 코드 중 실제 장치를 제어하는 코드를 가져와 { } 안에서 HEX 또는 10진수 형태로 표시합니다.

decode_results results;

IR 수신 모듈에서 수신한 코드의 내용을 저장 및 처리할 results 객체를 생성합니다.

if (irrecv.decode(&results)) { }

IR 신호를 수신하면 { } 내용을 실행합니다.

dumpInfo(&results);

void loop() 위쪽에 정의된 dumpInfo() 함수를 호출(실행)하는 명령입니다. dumpInfo() 함수를 호출하면서 &results 객체에 저장된 정보(수신된 신호코드)도 같이 넘겨주어 데이터 처리에 참고하도록 합니다.

dumpCode(&results);

void loop() 위쪽에 정의된 dumpCode() 함수를 호출(실행)하는 명령입니다. dumpCode() 함수를 호출하면서 &results 객체에 저장된 정보(수신된 신호코드)도 같이 넘겨주어 데이터 처리에 참고하도록 합니다.

irrecv.resume();

    다음 신호를 받을 수 있는 상태를 준비합니다.

4) 실행 결과

    스케치를 업로드 후 시리얼 모니터를 실행합니다. 집안의 TV 리모컨의 전원 버튼을 IR 수신 모듈 쪽을 향해 누릅니다. 시리얼 모니터에 나타난 값을 확인합니다. 수신 코드는 NEC 방식이고, 리모컨 전원 코드 값은 0xFED02F, 32bit인 것을 확인할 수 있습니다.

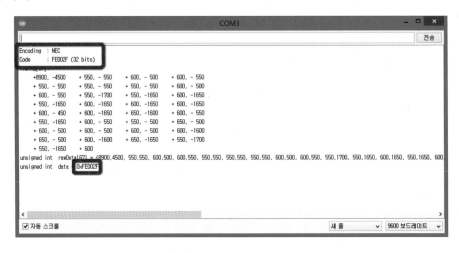

5) 응용 예제

   · 실제 사용하고 있는 TV, 에어컨 등의 리모컨 전원, +, - 등의 코드 값을 확인해보세요.

3.2 IR신호 송신하기

    IR 송신 LED나 IR 송신 모듈을 이용하면 리모컨으로 동작 가능한 다양한 장치를 제어할 수 있습니다.

    앞서 IR 수신기 모듈을 이용해 받은 값을 수신기를 이용해 집안의 리모컨 버튼을 눌렀을 때 정보를 수신하는 방법을 알아보겠습니다.

IR 송신 LED   IR 송신 모듈

프로젝트 명	IR 송신 모듈로 TV 켜기		
필요 부품	아두이노 보드, IR 송신 모듈, 버튼 모듈, 케이블(암수) 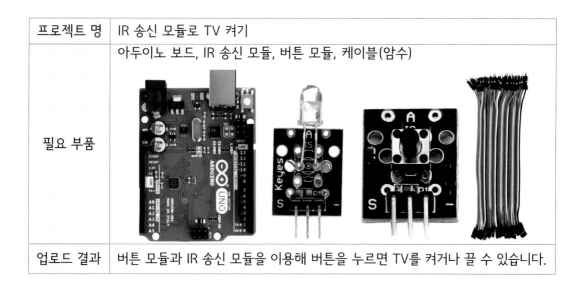		
업로드 결과	버튼 모듈과 IR 송신 모듈을 이용해 버튼을 누르면 TV를 켜거나 끌 수 있습니다.		

1) 연결 구성도

아두이노	IR 송신 모듈	아두이노	버튼 모듈
D3	S	D4	S
5V	+(VCC, 5V)	5V	+(VCC, 5V)
GND	-(G, GND)	GND	-(G, GND)

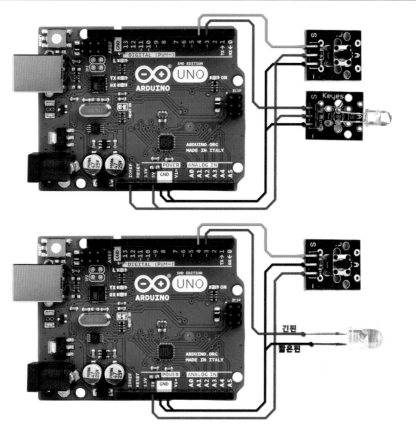

2) 스케치

```
#include <IRremote.h>
IRsend irsend;
int buttonPin = 4;

void setup() {
Serial.begin(9600);
pinMode(buttonPin, INPUT);
}

void loop() {
  Serial.println(digitalRead(buttonPin));
  if(!(digitalRead(buttonPin))) {
    Serial.println("Data Sending ------------->>");
    irsend.sendNEC(0xFED02F, 32);
    delay(200);
  }
}
```

3) 스케치 분석

#include <IRremote.h>

IR 센서 라이브러리인 IRremote.h를 포함시키는 명령어입니다.

IRsend irsend;

IR 신호를 내보내기 위한 객체 irsend를 생성하는 명령어입니다. IRsend는 IRremote.h에 정의되어 있습니다.

if(!(digitalRead(buttonPin))) { }

버튼이 눌렸을 때 { } 내용을 실행합니다. 디지털 버튼의 경우 누르지 않았을 때의 값이 0, 눌렀을 때의 값이 1로 되는 게 일반적인 상식이지만 반대의 경우도 있습니다. 버튼을 눌렀을 때 1이 되는 경우라면 if의 조건이 digitalRead(buttonPin)이 되며, 버튼을 눌렀을 때 0이 되면 !(digitalRead(buttonPin))로 조건을 설정하면 됩니다.

irsend.sendNEC(0xFED02F, 32);

앞서 IR 신호를 수신하는 스케치에서 리모컨의 전원버튼 encode 방식(회사)과 코드 값, 비트를 확인했습니다. 해당 값을 그대로 입력해주면 됩니다.

encode 방식이 삼성인 경우 : irsend.sendSAMSUNG(0xE0E040BF, 32);

encode 방식이 엘지인 경우 : irsend.sendLG(0x20DF10EF, 32);

3.3 RFID로 출입카드 만들기

RFID(Radio-Frequency Identification)는 주파수를 이용해 ID를 식별하는 SYSTEM으로 일명 전자태그로 불립니다. RFID 기술이란 전파를 이용해 정보를 인식하는 기술을 말합니다. RFID를 사용하려면 RFID 태그와, RFID 판독기가 필요합니다.

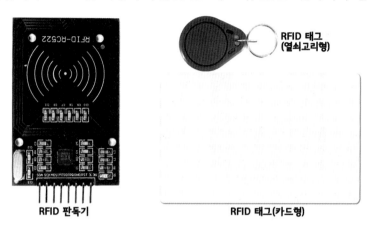

RFID 판독기   RFID 태그(카드형)

태그는 안테나와 집적 회로로 이루어지는데, 집적 회로 안에 정보를 기록하고 안테나를 통해 판독기에게 정보를 송신합니다. 이 정보는 태그가 부착된 대상을 식별하는 데 이용됩니다. 쉽게 말해, 바코드와 비슷한 기능을 하는 것입니다. RFID가 바코드 시스템과 다른 점은 빛을 이용해 판독하는 대신 전파를 이용한다는 것입니다. 따라서 바코드 판독기처럼 짧은 거리에서만 작동하지 않고 먼 거리에서도 태그를 읽을 수 있으며, 심지어 사이에 있는 물체를 통과해서 정보를 수신할 수도 있습니다. 하지만 모든 RFID 기기가 이와 같은 특징을 가지는 건 아닙니다. 주파수에 따라 인식거리가 달라집니다.

주파수 구분	특징	적용 가능 분야
저주파수 (125kHz~134kHz)	인식거리가 1m 이하로 짧다. 저가형으로 인식속도 느림	출입 통제용 카드 동물 식별 재고 관리
중간주파수 (13.56MHz)	중저가 형으로 상호 유도방식이 적용되어 있다. 비금속 장애물의 투과성도 우수하다.	출입 통제 스마트 카드(교통)
고주파수 (433MHz)	고가형으로 긴 인식거리를 가지고 있다.	컨테이너 식별 및 추적
고주파수 (860~960MHz)	저가형으로 약 10미터의 거리 인식 가능하다. 금속이나 액체 인식률이 저조한 단점이 있다.	유통물류 분야
마이크로파 (2.4GHz, 5GHz)	27미터의 장거리 인식과 빠른 인식 속도를 가진다. 전자태그 가리고 있는 경우 인식 불가하며, 고가이다.	자동차 운행 흐름 모니터링 톨게이트(하이패스) 시스템

이번 프로젝트에서는 13.56MHz를 지원하는 RFID 키트를 이용해 출입 카드 인식 정보를 확인하는 방법을 알아보겠습니다.

프로젝트 명	RFID 출입카드 만들기
필요 부품	아두이노 보드, RFID (13.56MHz)키트, 케이블(암수) 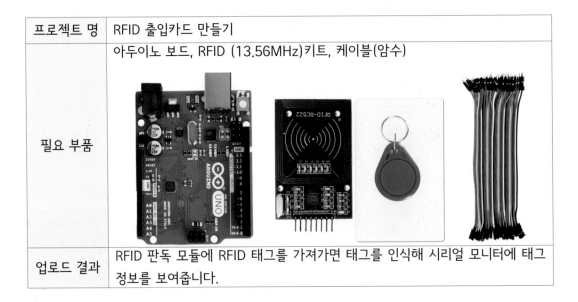
업로드 결과	RFID 판독 모듈에 RFID 태그를 가져가면 태그를 인식해 시리얼 모니터에 태그 정보를 보여줍니다.

1) 연결 구성도

아두이노	RFID 판독 모듈	아두이노	RFID 판독 모듈
D10	SDA		IRQ
D13	SCK	GND	GND
D11	MOSI	D9	RST
D12	MISO	3.3V	3.3V

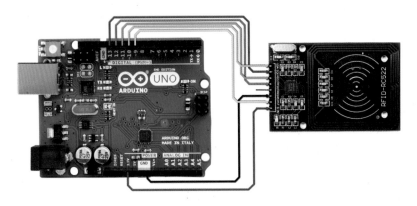

2) 스케치

① 아두이노에서 RFID를 사용하려면 라이브러리를 추가해야 합니다. 아래 라이브러리 주소에서 라이브러리를 다운로드 받습니다.

RFID 라이브러리 다운로드
URL : https://github.
com/miguelbalboa/rfid

② 라이브러리 다운로드가 완
료되면 아두이노 IDE를 실
행합니다. [스케치]-[라
이브러리 포함하기]를 클
릭 후 [.ZIP 라이브러리 추
가...]를 클릭합니다. '다운
로드' 폴더의 [rfid-master.
zip]를 클릭 후 [열기]를 클
릭하면 라이브러리 추가가 완료됩니다.

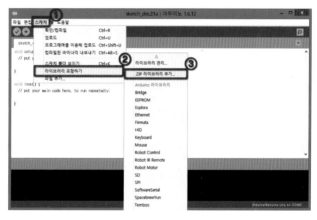

③ 등록한 라이브러리를 이용
한 스케치를 불러오겠습
니다. [파일]-[예제]-[M-
FRC522]-[DumpInfo]를
클릭합니다.

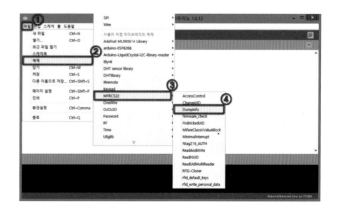

④ 불러온 스케치입니다. 스케치 일부는 수정했습니다.

```
#include <SPI.h>
#include <MFRC522.h>

#define RST_PIN        9
#define SS_PIN         10

MFRC522 mfrc522(SS_PIN, RST_PIN);

void setup() {
    Serial.begin(9600);
    while (!Serial);
    SPI.begin();
    mfrc522.PCD_Init();
    mfrc522.PCD_DumpVersionToSerial();
    Serial.println(F("Scan PICC to see UID, SAK, type, and data blocks..."));
}

void loop() {
    if ( ! mfrc522.PICC_IsNewCardPresent()) { return; }
    if ( ! mfrc522.PICC_ReadCardSerial()) { return; }
    mfrc522.PICC_DumpToSerial(&(mfrc522.uid));
}
```

3) 스케치 분석

#include <SPI.h> #include <MFRC522.h>

　　RFID 라이브러리인 SPI.h, MFRC522.h를 포함시키는 명령어입니다.

MFRC522 mfrc522(SS_PIN, RST_PIN);

　　MFRC522 인스턴스(Instance)를 생성하는 명령어입니다. 인스턴스는 객체와
비슷한 개념으로 클래스의 정의를 통해 만들어진 객체를 의미하는 것입니다.

while (!Serial);

　　시리얼 포트(시리얼 모니터)가 열려있는 동안 계속하라는 명령입니다.

SPI.begin(); mfrc522.PCD_Init();

　　SPI 버스와 MFRC522를 초기화 하는 명령입니다.

mfrc522.PCD_DumpVersionToSerial();

　　MFRC522 판독기의 버전 정보를 시리얼 모니터에 나타내는 명령어입니다.

if (! mfrc522.PICC_IsNewCardPresent()) { return; }

MFRC522 카드 판독기에 태그를 가져갔을 때 카드 정보를 읽기위한 대기 상태입니다.

if (! mfrc522.PICC_ReadCardSerial()) { return; }

MFRC522 카드 판독기에 태그(카드)를 가져갔을 때 여러 가지의 태그 중 하나의 태그를 선택하는 과정입니다.

mfrc522.PICC_DumpToSerial(&(mfrc522.uid));

가져온 카드 정보를 시리얼 모니터에 나타내는 함수입니다.

Memo

3.4 블루투스 통신(채팅)하기

블루투스(Bluetooth)는 1994년에 에릭슨이 최초로 개발한 2.4GHz 근거리 무선 링크를 통해 데이터를 주고받기 위한 표준입니다. 블루투스는 보안 프로토콜이며 단거리, 저전력, 저비용으로 장치들을 무선 연결할 수 있도록 해줍니다. 현재 근거리 무선 통신으로 가장 많이 활용되는 것이 블루투스입니다. 헤드셋, 스피커, 비디오게임 컨트롤러, 마우스, 키보드 등에 많이 활용되고 있습니다.

블루투스는 송신 된 데이터가 패킷으로 분할되고, 각 패킷은 지정된 79개의 블루투스 채널들 중 하나에 전송됩니다. 각 채널은 1 MHz의 대역폭을 가지며 블루투스 4.0 이후로 40개의 채널에 2 MHz의 간격을 사용합니다. 블루투스 버전 5.0은 2016년 6월 17일에 공개되었으며, 기존과 비교해 전송 범위는 4배, 속도 2배로 향상되었습니다.

스마트폰은 기본으로 블루투스 기능이 탑재되어 있어 아두이노와 스마트폰을 블루투스로 연결해 통신할 수 있습니다. 블루투스 네트워크는 마스터(master)/슬레이브(slave)를 구분해 사용합니다. 마스터 장치는 다수의(7개 까지) 슬레이브 장치와 연결될 수 있습니다. 슬레이브 장치는 오직 하나의 마스터 장치에만 연결이 가능합니다.

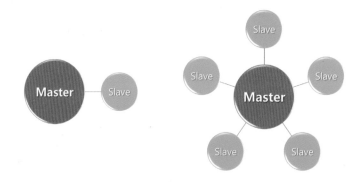

필립스에서 2013년 말 출시한 Hue라는 이름을 가진 스마트 전구를 발표하였습니다. 기존 전구처럼 백열전등 소켓에 끼우면 스마트폰으로 켜고 끄는 것뿐만 아니라 색상을 조절해 원하는 색상으로 설정해 빛이 나도록 하는 전구입니다. 이 전구는 Wi-Fi 연결 장치와 전구 3개 세트 가격이 25만원입니다.

국내에서도 스토리 펀딩을 이용해 블루투스로 제어하는 스위치를 판매했던 사례도 있습니다. IO라는 스타트업에서 만든 스위처입니다. 스위처는 기존 전등 스위치 위에 부착하는 방식으로 쉽게 사용할 수 있도록 만들어졌습니다. 스위치를 직접 누르는 방식과 블루투스로 제어하는 방식으로 기존 벽면에 붙어있는 스위치를 조작할 수 있도록 하였습니다.

위와 같이 블루투스로 제어할 수 있는 다양한 기기가 출시되고 있습니다. 아두이노와 블루투스를 이용하면 다양한 장치를 만들고 제어할 수 있습니다. 아두이노에서 블루투스를 사용할 때에는 마스터보다는 슬레이브를 많이 사용합니다. 스마트폰과 연결해 스마트폰에서 아두이노를 제어하는 형태를 주로 사용하기 때문입니다.

블루투스 2.0   블루투스 4.0(BLE)

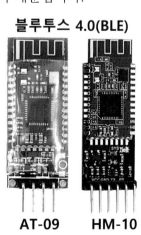

HC-05   HC-06   AT-09   HM-10

아두이노에서 블루투스 모듈을 연결하고 스마트폰과 연결해 통신하는 방법에 대해 알아보겠습니다.

프로젝트 명	아두이노와 스마트폰 간 블루투스 통신하기
필요 부품	아두이노 보드, 블루투스(HC-06, AT-09, HM-10) 모듈, 케이블(암수) 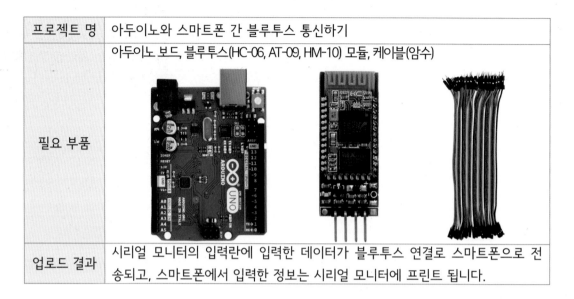
업로드 결과	시리얼 모니터의 입력란에 입력한 데이터가 블루투스 연결로 스마트폰으로 전송되고, 스마트폰에서 입력한 정보는 시리얼 모니터에 프린트 됩니다.

1) 연결 구성도

아두이노	블루투스(HC-06) 모듈
D2	TX(TXD)
D3	RX(RXD)
3.3V	VCC(+)
GND	GND(-)

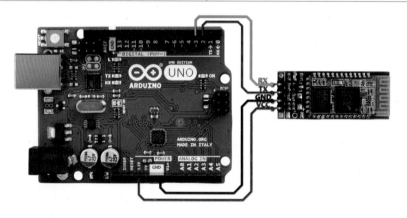

2) 스케치

```
#include <SoftwareSerial.h>
SoftwareSerial BTSerial(2, 3);
```

```
void setup()
{
  Serial.begin(9600);
  Serial.println("Hello!");
  BTSerial.begin(9600);
}

void loop()
{
  if (BTSerial.available()) {
    Serial.write(BTSerial.read());
  }
  if (Serial.available()) {
    BTSerial.write(Serial.read());
  }
}
```

3) 스케치 분석

#include <SoftwareSerial.h>

라이브러리 파일 SoftwareSerial.h를 포함시키는 명령어입니다. 아두이노에서는 하드웨어 시리얼 연결을 지원합니다. 하드웨어 시리얼 커넥터는 D0, D1입니다. 하지만 대부분 아두이노 테스트를 위해 컴퓨터 USB 커넥터에 연결하고 사용하기 때문에 이 경우에는 하드웨어 시리얼 커넥터를 사용할 수 없습니다.(컴퓨터 USB 커넥터로 시리얼 모니터가 연결되기 때문에) 그래서 소프트웨어 시리얼 커넥터를 사용합니다.

SoftwareSerial BTSerial(2, 3);

소프트웨어 방식으로 블루투스 시리얼을 사용하고자 선언하는 것입니다. 괄호안의 숫자는 연결된 핀 번호입니다. 소프트웨어 시리얼 커넥터는 D2~D13번 모든 커넥터가 사용 가능하지만 주로 D2, D3을 많이 사용합니다.

Serial.begin(9600); BTSerial.begin(9600);

Serial.begin(9600)은 시리얼 모니터의 전송 속도(Baudrate)를 정의하는 부분이고, BTSerial.begin(9600)은 블루투스 시리얼의 전송 속도를 정의한 부분입니다. 두 가지의 속도가 같아야 연결이 가능합니다.

if (BTSerial.available()) { Serial.write(BTSerial.read()); }

블루투스로 연결된 스마트폰에서 입력이 있는 경우에 { } 내용을 실행합니다. 만약 블루투스로 연결된 스마트폰에서 입력이 있으면 아두이노 시리얼 모니터에 스마트폰에서 입력한 내용을 프린트합니다.

if (Serial.available()) { BTSerial.write(Serial.read()); }

아두이노 시리얼 모니터에서 입력한 내용이 있는 경우에 { } 내용을 실행합니다. 만약 아두이노 시리얼 모니터에서 입력하면 블루투스 시리얼(블루투스로 연결된 스마트폰)에 내용을 프린트합니다.

4) 스마트폰 앱 설치 및 연결

스마트폰에서 아두이노 블루투스와 연결하려면 앱 설치와 페어링 작업(최초 1회, 블루투스 2.0 모듈만, 아이폰 연결 불가)을 해주어야 합니다. 페어링 작업과 블루투스 통신 앱 설치를 진행해보겠습니다. 스마트폰 작업을 진행하기 전 아두이노에 스케치 업로드가 되어야 하며, 연결된 블루투스 모듈에는 전원이 공급되고 있어야 합니다. 블루투스 모듈에 붉은색 LED가 깜박이는 상태이면 연결할 준비가 된 것입니다.

① 스마트폰과 아두이노 블루투스 모듈 간에 페어링 작업을 먼저 진행하겠습니다. 스마트폰 화면 상단 상태바를 아래로 드래그&드롭 합니다. 블루투스 아이콘을 길게 누릅니다. AT-09, HM-10은 페어링 없이 앱 설치 과정으로 바로 이동합니다.

② 블루투스 설정 화면이 나오면 블루투스를 켠 후 잠시 기다립니다. 연결 가능한 근처 블루투스 장치를 자동으로 검색합니다. 검색된 결과 중 [HC-06]을 터치합니다. 비밀번호 입력 창이 나오면 [1234]를 입력 후 [확인]을 터치합니다.

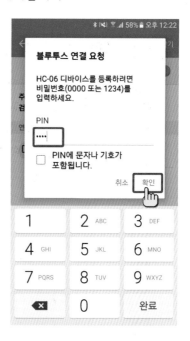

③ 페어링이 완료되었습니다. '등록된 디바이스' 항목에 'HC-06'이 등록되었습니다. 참고로 블루투스 4.0을 지원하는 모듈인 AT-09, HM-10은 페어링 과정없이 블루투스 4.0 지원 앱에서 바로 연결합니다. 이어서 통신 앱을 설치하도록 하겠습니다. 스마트폰에서 [Play 스토어]를 터치합니다.

④ Play 스토어가 실행되면 상단 검색창을 터치합니다. 검색어 [아두이노 블루투스]를 입력 후 검색합니다. 검색 결과 [Arduino bluetooth controller] 앱을 터치합니다. 참고로 AT-09, HM-10 모듈의 경우 [BLE CHAT 아두이노블루투스 채팅, IoT 지원], [3Demp - 3dempPlayer] 앱을 설치하고 연결합니다.

⑤ [설치]를 클릭 후 [동의]를 클릭합니다. 앱 설치가 완료되면 [열기]를 터치합니다.

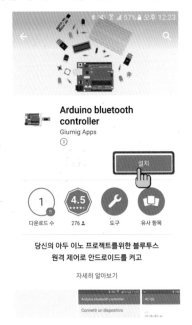

⑥ 앱이 실행되면 앱 소개 화면이 나옵니다. 화면 오른쪽에서 왼쪽으로 2번 드래그&드롭 합니다. [OK]를 터치 후 기기의 위치 액세스 허용 메시지가 나오면 [허용]을 터치합니다.

⑦ 아두이노에 연결된 블루투스 모듈이 검색되어 나타납니다. [HC-06]을 터치합니다. Connect in 창이 나오면 [Terminal mode]를 터치합니다.

⑧ 메시지 입력 화면이 나오면 아두이노 시리얼 모니터를 실행해 메시지를 받을 준비를 합니다. AT-09 모듈을 연결한 경우 시리얼 모니터 하단 [Both NL & CR]로 선택해야 합니다.

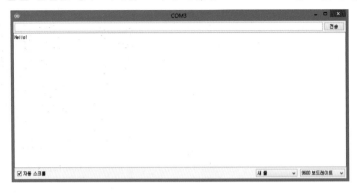

⑨ 스마트폰 화면 하단 입력 창에 아두이노 시리얼 모니터에 보낼 메시지를 입력 합니다. 입력이 완료되면 화면 키패드의 [완료]를 터치해 전송합니다.

⑩ 스마트폰에서 전송한 메시지가 아두이노 시리얼 모니터에 나타납니다. 이번에는 아두이노 시리얼 모니터에 입력한 내용이 스마트폰으로 전송되도록 해보겠습니다. 시리얼 모니터 상단 입력 창에 스마트폰으로 보낼 메시지를 입력 후 [전송]을 클릭합니다.

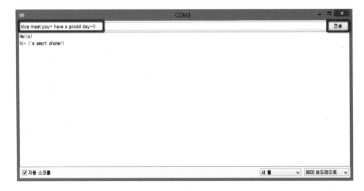

⑪ 아두이노 시리얼 모니터에서 입력한 내용이 스마트폰에 표시되는 것을 확인할 수 있습니다.

3.5 블루투스로 LED 켜고 끄기

이번에는 스마트폰으로 아두이노에 연결된 LED를 켜고 끄는 프로젝트를 진행해보겠습니다.

프로젝트 명	스마트폰으로 아두이노 LED 켜고 끄기
필요 부품	아두이노 보드, 블루투스(HC-06) 모듈, LED, 케이블(암수) 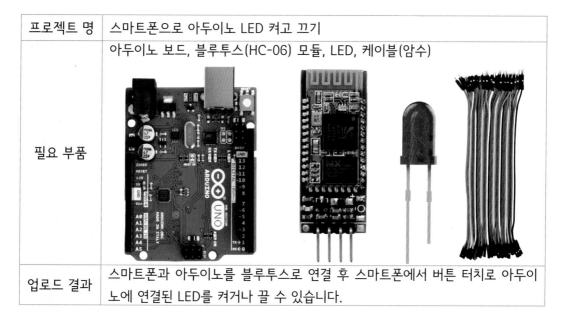
업로드 결과	스마트폰과 아두이노를 블루투스로 연결 후 스마트폰에서 버튼 터치로 아두이노에 연결된 LED를 켜거나 끌 수 있습니다.

1) 연결 구성도

아두이노	블루투스(HC-06) 모듈	아두이노	LED
D2	TX(TXD)	D13	긴핀
D3	RX(RXD)	GND	짧은핀
3.3V	VCC(+, 5V)		
GND	GND(-, G)		

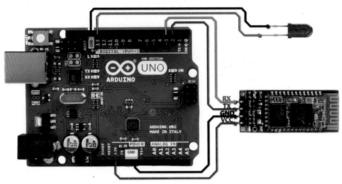

2) 스케치

```
#include <SoftwareSerial.h>
#define LED 13
SoftwareSerial btSerial(2,3);

void setup() {
  pinMode(LED, OUTPUT);
  btSerial.begin(9600);
}

void loop() {
  if(btSerial.available()) {
    char c = btSerial.read();

    switch(c) {
      case 'a':
        digitalWrite(LED, HIGH);
        break;
      case 'b':
        digitalWrite(LED, LOW);
        break;
    }
  }
  delay(10);
}
```

3) 스케치 분석

if(btSerial.available()) { char c = btSerial.read(); }

스마트폰에서 입력이 있는 경우에 { } 내용을 실행합니다. 스마트폰에서 입력한 내용을 문자형 변수 c에 저장합니다.

switch(c) { }

변수 c에 저장된 값에 따라 다른 내용이 실행되도록 합니다. 변수 c에 저장된 값이 'a'면 LED를 켜는 내용(digitalWrite(LED, HIGH);)을 실행하고 'b'이면 LED를 끄는 내용(digitalWrite(LED, LOW);)을 실행합니다. 스마트폰에서 LED를 켜고 끄기 위해서는 다양한 방법이 있지만 가장 간단한 방법으로 문자 한 글자를 입력해 켜고, 또 다른 문자 한 글자를 입력해 끄면 됩니다.

4) 스마트폰에서 LED 제어하기

아두이노와 블루투스 모듈을 이용하면 스마트폰으로 제어할 수 있는 제품을 어렵지 않게 만들 수 있습니다. 스마트폰에서 LED를 제어하기 위한 설정과 LED를 켜고 끄는 작업을 진행해보겠습니다.

① 스마트폰에 설치한 [Arduino bluetooth controller] 앱을 터치해 실행합니다. 앱이 실행되면 블루투스 모듈인 [HC-06]을 터치합니다.

② Connect in 창이 나오면 [Switch mode]를 터치합니다. 전원 스위치를 터치합니다. 하단 스위치 환경 설정이 되지 않았다는 메시지가 나오면 [CONFIGURE]를 터치합니다.

③ 초록색 전원 스위치의 'not set'을 터치합니다. [a]를 입력 후 [완료]를 터치합니다.

④ 빨간색 전원 스위치의 'not set'을 터치합니다. [b]를 입력 후 [완료]를 터치합니다. 설정
이 완료되었습니다. 왼쪽 상단 흰색 전원 아이콘을 터치합니다.

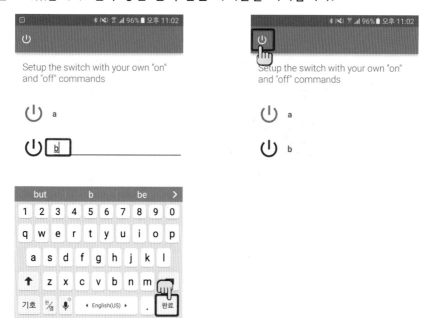

⑤ 빨간색 전원 스위치를 터치합니다. 아두이노 13번 핀에 연결된 LED가 켜지는 것을 확
인할 수 있습니다. 초록색 스위치를 터치하면 LED를 끌 수 있습니다.

3.6 블루투스4.0으로 3색 LED 제어하기

앞서 진행한 블루투스로 LED 제어하기 내용은 블루투스 2.0을 지원하는 HC-06 모듈의 통신 방법이었습니다. 안드로이드 스마트폰에서는 대부분 큰 문제없지만 아이폰은 호환이 되지않아 연결할 수 없습니다.

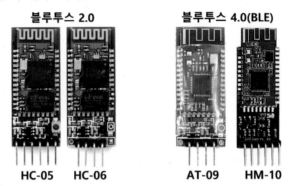

블루투스 4.0 지원 모듈을 이용하면 아이폰에서도 연결할 수 있으며, 저전력 (Bluetooth Low Energy)을 지원하기 때문에 더 효율적입니다. 블루투스 4.0 지원 모듈을 사용해 스마트폰에서 여러가지 색을 나타내는 LED 제어 방법을 알아보겠습니다.

프로젝트 명	스마트폰으로 3색 LED 색상 만들기
필요 부품	아두이노 보드, 블루투스(AT-09, HM-10) 모듈, 3색 SMD LED, 케이블(암수)
업로드 결과	스마트폰과 아두이노를 블루투스로 연결 후 스마트폰에서 빨간색, 파란색, 초록색, 흰색으로 LED를 켜거나 끌 수 있습니다.

1) 연결 구성도

아두이노	3색 SMD LED	아두이노	블루투스 모듈
9	R	D2	TX(TXD)
10	G	D3	RX(RXD)
11	B	5V	+(VCC, 5V)
GND	-(G, GND)	GND	-(G, GND)

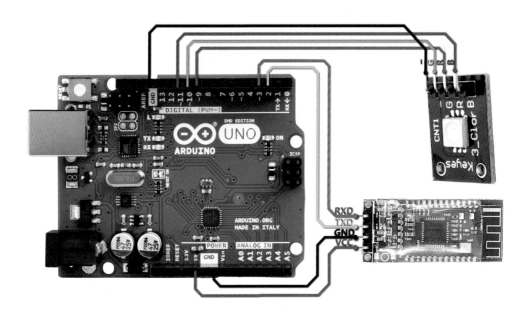

2) 스케치

　AT-09 블루투스 모듈을 이용한 블루투스 연결은 HC-06 모델과 크게 다르지 않습니다. 스마트폰에서 R, G, B, A, S를 입력해 색상을 제어하는 코드를 구성해보겠습니다.

```
#include <SoftwareSerial.h>
#define RED 9
#define GREEN 10
#define BLUE 11
SoftwareSerial btSerial(2,3);

void setup() {
  pinMode(RED, OUTPUT);
  pinMode(GREEN, OUTPUT);
  pinMode(BLUE, OUTPUT);
  btSerial.begin(9600);
}

void loop() {
  if(btSerial.available()) {        // 블루투스 입력이 있는지 체크
    char c = btSerial.read();       // 블루투스 입력 값을 변수 c에 저장
```

```
    switch(c) {
      case 'r':                    // 블루투스 입력 값이 r이면 빨간색 LED 켜기
        digitalWrite(RED, HIGH);
        digitalWrite(GREEN, LOW);
        digitalWrite(BLUE, LOW);
        break;
      case 'g':                    // 블루투스 입력 값이 g이면 초록색 LED 켜기
        digitalWrite(RED, LOW);
        digitalWrite(GREEN, HIGH);
        digitalWrite(BLUE, LOW);
        break;
      case 'b':                    // 블루투스 입력 값이 b이면 파란색 LED 켜기
        digitalWrite(RED, LOW);
        digitalWrite(GREEN, LOW);
        digitalWrite(BLUE, HIGH);
        break;
      case 'a':                    // 블루투스 입력 값이 a이면 모든 LED 켜기
        digitalWrite(RED, HIGH);
        digitalWrite(GREEN, HIGH);
        digitalWrite(BLUE, HIGH);
        break;
      case 's':                    // 블루투스 입력 값이 s이면 모든 LED 끄기
        digitalWrite(RED, LOW);
        digitalWrite(GREEN, LOW);
        digitalWrite(BLUE, LOW);
        break;
    }
  }
  delay(10);
}
```

3) 스케치 분석

#include <SoftwareSerial.h>

라이브러리 파일 SoftwareSerial.h를 포함시키는 명령어입니다. 하드웨어 시리얼 커넥터인 D0, D1을 제외한 모든 디지털 핀을 블루투스 통신에 사용하기 위해 필요합니다.

SoftwareSerial BTSerial(2, 3);

소프트웨어 방식으로 블루투스 시리얼을 사용하고자 선언하는 것입니다. D2, D3 핀을 데이터 수신과 송신에 사용합니다.

btSerial.begin(9600);

블루투스 통신 속도를 9600 Baudrate로 설정하고 시작합니다.

if(btSerial.available()) { }

블루투스 통신을 통해 수신된 데이터가 있다면 { } 안의 내용을 실행합니다.

char c = btSerial.read();

문자형 변수 c를 만들고, 블루투스 통신으로 전송된 데이터를 저장합니다.

4) 스마트폰 앱 설치 및 연결

스케치를 아두이노 보드에 업로드 합니다. 업로드가 완료되면 스마트폰에서 블루투스 4.0을 지원하는 앱을 설치하고 연결을 테스트합니다. 블루투스 4.0 지원 모듈은 페어링 과정없이 앱에서 바로 연결해 사용할 수 있습니다.

① 스마트폰의 Play 스토어/App Store를 실행합니다. 검색창에 [3demp]로 검색합니다. 검색된 앱 중 [3Demp - 3dempPlayer...]앱의 [설치]를 터치해 설치합니다.

② 설치한 앱을 실행합니다. 앱이 실행되면 아두이노 보드에 연결된 블루투스 모듈과 연결을 위해 블루투스 아이콘을 터치합니다.

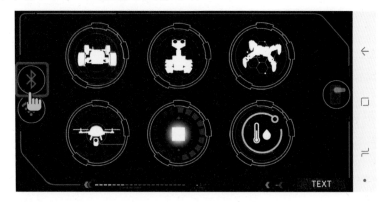

③ [SCAN]을 터치합니다. 주변의 블루투스 장치가 검색되어 나오면 연결할 블루투스 장치를 선택합니다.

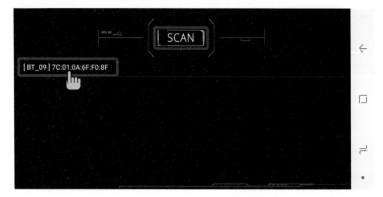

④ 블루투스 연결이 완료되면 아두이노 보드에 연결한 블루투스 모듈의 LED가 깜빡이지 않고 점등 상태를 유지합니다. 이제 LED를 켜거나 끄기위한 설정을 해 보겠습니다. 하단 가운데 LED 아이콘을 터치합니다.

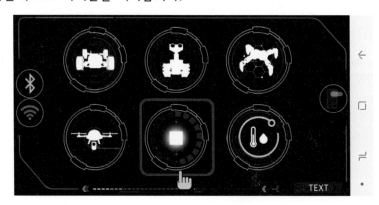

⑤ 각 버튼을 터치했을때 블루투스로 전송되는 값을 수정해보겠습니다. 오른쪽 상단 톱니 바퀴 모양의 [설정]을 터치합니다.

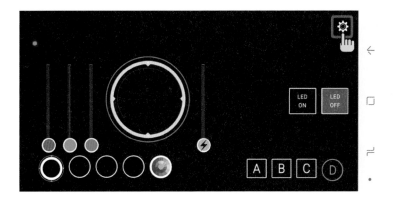

⑥ 그림과 같이 Led On [a], Led Off [s], OPTION A [r], OPTION B [g], OPTION C [b]로 변경 후 [SAVE]를 터치합니다.

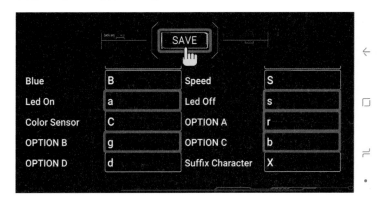

⑦ 설정이 완료되었습니다. 이제 [A], [B], [C], [LED ON], [LED OFF]를 터치해 아두이노 보드에 연결된 LED가 켜지고 꺼지는지 확인합니다.

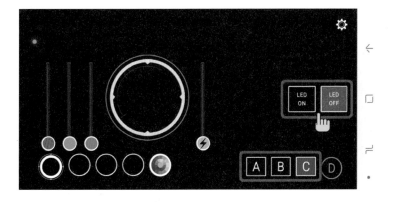

3.7 Wi-Fi 신호 제어하기

아두이노에서 Wi-Fi를 사용하는 방법은 여러 가지가 있습니다. Wi-Fi 모듈을 이용하는 방법, Wi-Fi 쉴드를 이용하는 방법, Wi-Fi 탑재된 보드를 이용하는 방법 등이 있습니다. 아두이노에서 Wi-Fi를 사용하기 위해서는 공유기나 무선 Wi-Fi를 연결해 사용할 수 있는 환경이어야 합니다. Wi-Fi 모듈은 여러 모델이 있지만 가장 저렴하고 많이 사용하는 모델로는 ESP8266 시리즈가 있습니다.

ESP-01 모듈   ESP-07 모듈   ESP-12 모듈

Wi-Fi 모듈은 아두이노와 케이블 연결방법이 까다롭고 일부 모듈의 경우 펌웨어 업데이트를 해야하는 경우도 있어 쉴드나 아두이노 호환 보드를 이용하는 방법이 더 좋습니다.

ESP-13 쉴드   ATmel 쉴드

본 과정에서는 아두이노 보드 대신 아두이노 호환 ESP8266 보드를 이용해 Wi-Fi 제어 방법을 설명 드리도록 하겠습니다. 대표적으로 WeMos D1 R2, WeMos D1 Mini, NodeMCU 등이 있습니다. 이 보드는 Wi-Fi 모듈이 아두이노의 MCU 역할까지 하게 됩니다. 간단한 과정을 거쳐 아두이노 UNO와 같은 형태로 사용할 수 있습니다. 외형도 아두이노 UNO, 아두이노 Pro Mini와 비슷합니다.

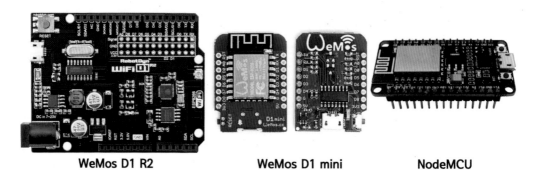

WeMos D1 R2   WeMos D1 mini   NodeMCU

WeMos D1 R2 보드에 연결된 LED를 켜고 끄는 제어를 해보도록 하겠습니다.

프로젝트 명	WeMos D1 R2(또는 WeMos D1 mini) 보드로 LED 켜고 끄기
필요 부품	WeMos D1 R2 보드(또는 WeMos D1 mini), LED, 케이블(암수) 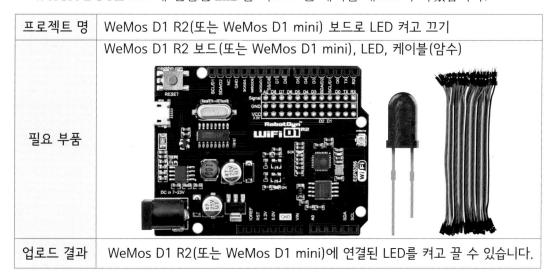
업로드 결과	WeMos D1 R2(또는 WeMos D1 mini)에 연결된 LED를 켜고 끌 수 있습니다.

1) 연결 구성도

WeMos D1 R2(WeMos D1 mini)	LED
D5	긴핀
GND	짧은핀

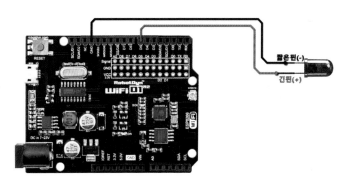

2) 스케치

WeMos D1 R2(또는 WeMos Mini) 보드 및 ESP 8266 Wi-Fi 모듈과 쉴드를 사용하기 위해서는 환경설정 작업이 필요합니다. 먼저 ESP 8266 Wi-Fi를 이용하는 대부분의 장치는 컴퓨터와 USB 케이블로 연결할 때 아두이노 IDE에서 ESP 8266 보드를 인식할 수 있도록 해줘야 합니다. 컴퓨터 연결에는 주로 CH340G라는 시리얼 연결 칩을 사용합니다. 이 칩의 드라이버(제어 파일)는 자동으로 설치되지 않는 경우가 있어 설치를 직접 해줘야합니다. CH340G 드라이버 설치는 34페이지 USB 드라이버 설치 내용을 참고해 설치한다.

① 드라이버 설치가 완료되면 WeMos D1 R2(또는 WeMos D1 mini)를 컴퓨터에 연결하지 않은 상태에서 아두이노 IDE의 [툴]-[포트]를 클릭합니다. 기본 등록된 포트가 나옵니다. 이제 WeMos D1 R2를 컴퓨터 USB 커넥터에 연결합니다. 아두이노 IDE의 [툴]-[포트]를 클릭합니다. 포트 번호를 확인해 추가된 포트를 클릭합니다.

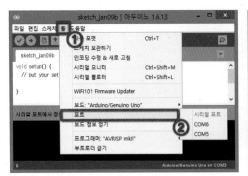 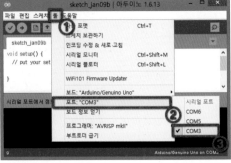

② 아두이노 IDE에서 ESP8266 Wi-Fi 모듈이나 보드를 사용하기 위한 설정을 하도록 하겠습니다. 아두이노 IDE의 [파일]-[환경설정]을 클릭합니다. 환경 설정 창이 나오면 [추가적인 보드 매니저 URLs] 항목에 [http://arduino.esp8266.com/stable/package_esp8266com_index.json]을 입력 후 [확인]을 클릭합니다.

③ 아두이노 IDE [툴]-[보드:"Arduino/Genuino Uno"]-[보드 매니저]를 클릭합니다.

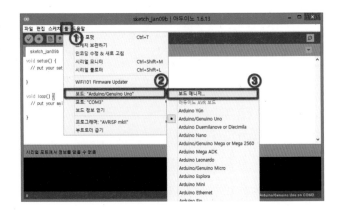

④ 보드 매니저 창이 나오면 상단 검색창을 클릭 후 [esp]를 입력합니다. 검색된 보드 중 [esp8266 by ESP8266 Community]를 클릭 후 [설치]를 클릭합니다.

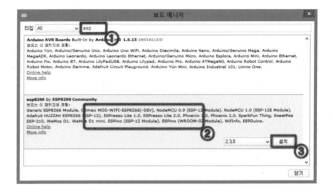

⑤ 설치에 걸리는 시간은 인터넷 연결 환경에 따라 다르지만 대부분 1분~10분 정도면 완료됩니다. 설치가 완료되면 보드 명칭 오른쪽에 'INSTALLED' 메시지가 나옵니다. [닫기]를 클릭합니다.

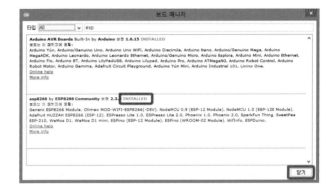

⑥ 이제 보드를 WeMos D1 R2 (또는 WeMos Mini) 보드로 선택하도록 하겠습니다. [툴]-[보드:"Arduino/Genuino Uno"]-[WeMos D1 R2 & mini]를 클릭합니다.

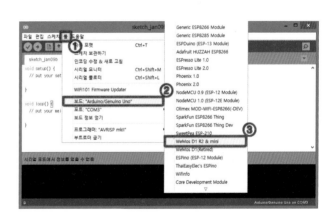

⑦ 업로드 속도를 설정하기 위해 [툴]-[Upload Speed:"921600"]-[115200]을 클릭합니다.

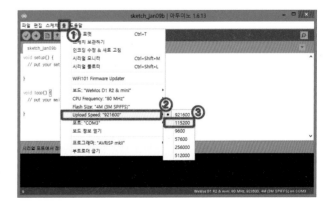

⑧ 이제 WeMos D1 R2(또는 WeMos D1 mini)를 사용하기 위한 모든 설정이 완료되었습니다. ESP8266 모듈의 경우 대부분 이 과정을 거쳐 장치를 사용할 수 있습니다. 설정이 완료되었으니 이제 아래 스케치를 작성 후 업로드 합니다.

```
void setup() {
  pinMode(14, OUTPUT);
}

void loop() {
  digitalWrite(14, HIGH);
  delay(1000);
  digitalWrite(14, LOW);
  delay(1000);
}
```

3) 스케치 분석

pinMode(14, OUTPUT);

지금까지 많이 보았던 스케치입니다. 한 가지 다른 점은 바로 핀 번호입니다. 핀 번호가 14번으로 기록되어 있습니다. 아두이노 우노 보드에서는 13번 핀까지만 있기 때문에 14번을 사용하는 것에 대해 조금 의아해할 수 있습니다. WeMos D1 R2(또는 WeMos D1 mini)는 아두이노 우노와 핀 맵핑이 다릅니다. 아래 핀 맵핑 정보를 참고합니다.

보드 Pin	Function	ESP-8266 Pin
TX	TXD	TXD
RX	RXD	RXD
A0	Analog input, max 3.3V input	A0
D0	IO	GPIO16
D1	IO, SCL	GPIO5
D2	IO, SDA	GPIO4
D3	IO, 10k Pull-up	GPIO0
D4	IO, 10k Pull-up, BUILTIN_LED	GPIO2
D5	IO, SCK	GPIO14
D6	IO, MISO	GPIO12
D7	IO, MOSI	GPIO13
D8	IO, 10k Pull-down, SS	GPIO15
G	Ground	GND
5V	5V	-
3V3	3.3V	3.3V
RST	Reset	RST
All of the IO pins have interrupt/pwm/I2C/one-wire support except D0		

WeMos D1 R2(또는 WeMos D1 mini)는 제어할 핀 번호 입력 시 보드에 표시된 번호가 아닌 ESP-8266의 GPIO 핀 번호를 입력해 제어합니다. 예를 들어 WeMos D1 R2 보드의 D3번 핀에 LED를 연결하고 제어하려면 핀 번호를 3번이 아닌 GPIO 핀 번호인 0을 입력해야 제어할 수 있습니다.

참고로 Wi-Fi 프로젝트로 NodeMCU를 사용하는 경우도 많습니다. NodeMCU 핀 맵(WeMos D1 R2와 핀 맵이 같음)은 아래 그림을 참고합니다.

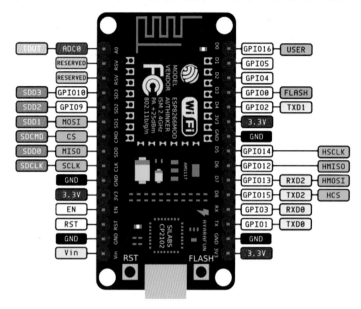

3.8 Wi-Fi로 LED 제어하기

WeMos D1 R2(또는 WeMos Mini)로 Wi-Fi 연결을 사용하기 위한 설정과 제어 방법을 알아보도록 하겠습니다. 이 프로젝트를 진행시 참고하실 사항은 WeMos D1 R2(또는 WeMos D1 mini) 보드와 스마트폰 또는 컴퓨터가 같은 Wi-Fi에 연결되어야 한다는 점입니다. 다른 Wi-Fi이거나 3G, 4G(LTE) 등의 통신망에 연결된 경우에는 제어 되지 않습니다.

WeMos D1 R2 보드에 연결된 LED를 Wi-Fi로 켜고 끄는 제어를 해보도록 하겠습니다. 필요 부품과 연결 방법은 이전 프로젝트와 동일합니다.

프로젝트 명	WeMos D1 R2(또는 WeMos D1 mini) 보드 Wi-Fi 연결로 LED 켜고 끄기
필요 부품	WeMos D1 R2(또는 WeMos D1 mini) 보드, LED, 케이블(암수) 이전 프로젝트와 동일
업로드 결과	WeMos D1 R2에 연결된 LED를 Wi-Fi 연결로 켜고 끌 수 있습니다.

1) 스케치

```cpp
#include <ESP8266WiFi.h>

const char* ssid = "youlnet";
const char* password = "12345678";
WiFiServer server(80);
int ledPin = 14;

void setup() {
  Serial.begin(115200);
  delay(10);
  pinMode(ledPin, OUTPUT);
  digitalWrite(ledPin, LOW);

  Serial.println();
  Serial.println();
  Serial.print("Connecting to ");
  Serial.println(ssid);

  WiFi.begin(ssid, password);

  while (WiFi.status() != WL_CONNECTED) {
    delay(500);
    Serial.print(".");
  }
  Serial.println("");
  Serial.println("WiFi connected");
  server.begin();
  Serial.println("Server started");
  Serial.print("Use this URL to connect: ");
  Serial.print("http://");
  Serial.print(WiFi.localIP());
  Serial.println("/");
}

void loop() {
  WiFiClient client = server.available();
  if (!client) {
    return;
  }
```

```
    Serial.println("new client");
    while(!client.available()){    delay(1);   }


    String request = client.readStringUntil('\r');
    Serial.println(request);
    client.flush();


    int value = LOW;
    if (request.indexOf("/LED=ON") != -1) {
      digitalWrite(ledPin, HIGH);
      value = HIGH;
    }
    if (request.indexOf("/LED=OFF") != -1){
      digitalWrite(ledPin, LOW);
      value = LOW;
    }


    client.println("HTTP/1.1 200 OK");
    client.println("Content-Type: text/html");
    client.println(""); //  do not forget this one
    client.println("<!DOCTYPE HTML>");
    client.println("<html>");
    client.print("Led pin is now: ");
    if(value == HIGH) {
      client.print("On");
    } else {
      client.print("Off");
    }
    client.println("<br><br>");
    client.println("Click <a href=\"/LED=ON\">here</a> turn the LED on pin 2 ON<br>");
    client.println("Click <a href=\"/LED=OFF\">here</a> turn the LED on pin 2 OFF<br>");
    client.println("</html>");

    delay(1);
    Serial.println("Client disonnected");
    Serial.println("");
}
```

2) 스케치 분석

#include <ESP8266WiFi.h>

ESP8266 라이브러리인 ESP8266WiFi.h 파일을 포함합니다.

const char* ssid = "youlnet"; const char* password = "12345678";

Wi-Fi 접속 이름(SSID)과 비밀번호를 입력해줍니다.

int ledPin = 14;

GPIO 14번 핀은 WeMos D1 R2의 D5번에 연결되어 있습니다.

WiFiServer server(80);

WeMos D1 R2이 서버 역할을 해 스마트폰이나 컴퓨터로 WeMos D1 R2를 접속하게 됩니다. 웹 브라우저를 이용해 접근하는 경우 80번 포트(www 기본 포트)를 이용합니다. 80번을 사용하면 주소에 포트번호를 생략할 수 있습니다. 하지만 80번이 아닌 다른 포트를 사용하는 경우에는 주소에 꼭 포트번호를 입력해주어야 하므로 웹 브라우저로 접속하는 www은 80번을 이용하면 편리합니다.

80번 포트를 이용하는 경우 : http://www.naver.com
100번 포트를 이용하는 경우 : http://www.naver.com:100

WiFi.begin(ssid, password);

Wifi.begin() 함수에 WiFi 연결 ssid와 패스워드를 보내 연결을 시도합니다.

while (WiFi.status() != WL_CONNECTED) { delay(500); Serial.print("."); }

WiFi.status()는 WiFi 상태를 담고 있는 함수로 아직 WiFi가 연결되지 않은 상태이므로 연결될 때까지 { } 내용을 실행합니다. WiFi 연결에 약간의 시간(1~5초)이 소요 됩니다. 연결 중인 시간동안 시리얼 모니터에 0.5초에 하나씩 점(.)을 프린트 합니다.

server.begin();

WiFi 연결이 완료되면 WeMos D1 R2 보드가 웹서버 모드를 실행합니다.

Serial.print(WiFi.localIP());

WiFi.localIP()는 받아온 IP주소를 가지고 있는 함수입니다. ip주소를 시리얼 모니터에 프린트합니다.

WiFiClient client = server.available(); if (!client) { return; }

WeMos D1 R2 웹 서버에 연결이 있는지를 확인하기 위한 작업입니다. 연결이 없으면 종료합니다.

while(!client.available()){ delay(1); }

컴퓨터나 스마트폰에서 접속 후 데이터를 보내올 때까지 기다리는 명령입니다.

String request = client.readStringUntil('\r'); Serial.println(request);

컴퓨터나 스마트폰으로부터 데이터가 오면 '\r'이 있을 때까지 읽어 문자열 변수 request에 저장합니다. 가져온 문자열을 시리얼 모니터에 프린트 합니다.

client.flush();

버퍼에 있는 모든 내용을 지웁니다.

if (request.indexOf("/LED=ON") != -1) { digitalWrite(ledPin, HIGH); value = HIGH; }

컴퓨터나 스마트폰에서 요청한 정보가 "/LED=ON"이면 led를 켭니다. 그리고 value 변수에 HIGH를 넣어줍니다.

if (request.indexOf("/LED=OFF") != -1){ digitalWrite(ledPin, LOW); value = LOW; }

컴퓨터나 스마트폰에서 요청한 정보가 "/LED=OFF"이면 led를 끕니다. 그리고 value 변수에 LOW를 넣어줍니다.

client.println("HTTP/1.1 200 OK");

서버에 접속한 컴퓨터나 스마트폰의 웹 브라우저에 나타낼 내용을 표시하는 함수입니다. 참고로 따옴표(" ") 안의 내용은 HTML(Hyper Text Markup Language)이라는 언어로 구성되어 있습니다. 웹브라우저에 글자나, 링크, 그림, 영상 등을 표시해주는 언어입니다.

3) 실행결과

스케치 업로드가 완료되면 시리얼 모니터를 실행합니다. 오른쪽 하단 보드레이트를 [115200 보드레이트]로 설정합니다. WiFi를 연결하고 서버가 시작되었다는 메시지가 나옵니다. Use this URL to connect: 항목 오른쪽 http://192.168.0.21/가 WeMos D1 R2 서버에 접속하는 주소입니다.

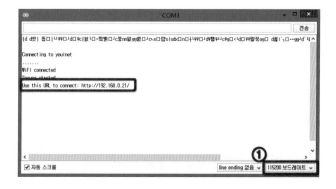

187

① 이제 컴퓨터나 스마트폰으로 시리얼 모니터에 표시된 주소로 접속합니다. 이때 컴퓨터 나 스마트폰은 WeMos D1 R2(또는 WeMos D1 mini)와 같은 WiFi에 연결되어 있어 야 합니다. 스마트폰이나 컴퓨터에서 인터넷을 실행합니다. 웹 브라우저가 실행되면 주 소창에 [http://192.168.0.21/]를 입력 후 [이동]을 터치합니다.

 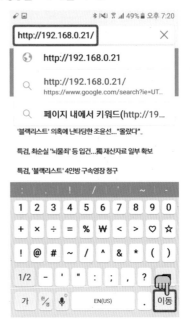

② WeMos D1 R2 서버에 접속한 화면입니다. 현재 LED 상태는 Off입니다. LED를 켜려 면 첫 번째 [here]를 터치합니다. WeMos D1 R2 보드에 연결된 D5 LED가 켜지는 것 을 확인할 수 있습니다. 아래쪽 [here]를 터치하면 LED를 끌 수 있습니다.

4) 응용하기

· LED를 3개 연결 후 제어하는 스케치를 구성해보세요.

• 알아두세요~

외부에서 집에 만들어놓은 IOT 기기를 제어하려면 집 공유기에 2가지 설정이 필요합니다. WeMos D1 R2 장치가 항상 같은 IP 주소록 받을 수 있도록 고정 IP주소 할당과 특정 포트를 사용하는 주소로 요청이 들어오면 WeMos D1 R2 장치에게 전달할 수 있도록 포트 포워딩 작업이 필요합니다.

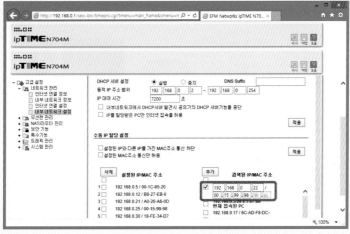

〈고정 IP 주소 할당〉

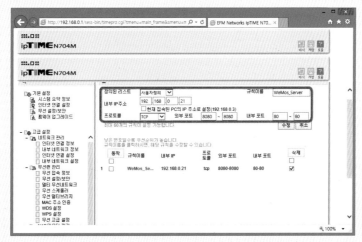

〈포트 포워딩〉

무선 활용 제품 만들기

4.1 IR 리모컨으로 제어하는 RC카 만들기

앞에서 IR 무선 신호를 수신 받는 방법과 신호를 보내는 방법, 모터와 모터 드라이버를 이용하는 방법을 배웠습니다. 이 방법을 이용해 RC카를 만들어 보겠습니다.

아두이노로 RC카를 만들기 위한 RC카 부품은 키트로 구매하면 편리합니다. 모터 2개를 이용해 동작하는 2륜 구동 RC카 키트가 시중에 1만원 정도의 금액에서 구매할 수 있습니다.

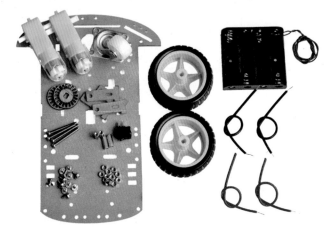

이 제품을 조립완료하면 아래와 같은 모양으로 만들어집니다. 조립이 어려운 경우에는 Youtube에서 'Smart Robot Car Chassis Kit Speed Encoder For Arduino'로 검색하면 조립 동영상을 볼 수 있습니다.

집에 고장난 RC카가 있다면 이걸 재활용 하는 방법도 있습니다. RC카를 만들기 위해서는 아두이노 보드와 모터, 모터 드라이버, IR 수신 센서와 IR 송신 리모컨이 필요합니다. 먼저 IR 리모컨의 전후좌우 버튼 값을 가져와 버튼 값에 맞춰 모터를 구동하는 방법을 이용하겠습니다.

프로젝트 명	IR로 제어하는 RC카 만들기
필요 부품	아두이노 보드, RC카 키트, IR 리모컨, IR 수신 센서 모듈, 모터 드라이버, 케이블(암수) 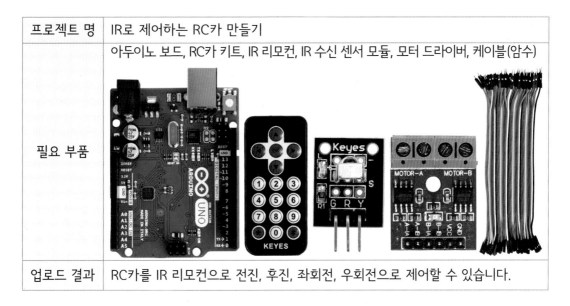
업로드 결과	RC카를 IR 리모컨으로 전진, 후진, 좌회전, 우회전으로 제어할 수 있습니다.

1) 연결 구성도

아두이노	모터 드라이버(L9110S)	아두이노	IR 수신 센서 모듈
D5	A-IA	D2	S
D6	A-IB	5V	+(VCC, 5V)
D9	B-IA	GND	-(G, GND)
D10	B-IB		
5V	VCC(+, 5V)		
GND	GND(-, G)		

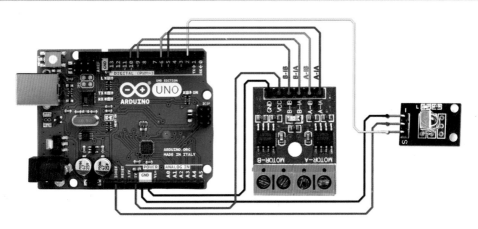

모터 드라이버 모듈과 2개의 모터는 아래와 같은 방법으로 연결합니다. 참고로 모터는 +, −의 선을 바꾸어도 동작이 가능합니다. 단, +, − 선을 바꾸면 정방향으로 회전하는 모터가 역방향으로 회전하게 됩니다.

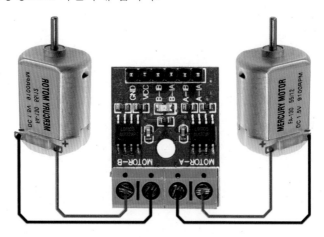

2) 스케치

IR 리모컨의 전진, 후진, 좌회전, 우회전, 정지의 신호 값은 이전에 사용했던 IR 코드 수신 스케치를 참고해 코드 값을 10진수로 적어놓습니다. 그런 다음 아래 스케치를 작성해 업로드 합니다.

```
#include <IRremote.h>
int RECV_PIN = 2;
IRrecv irrecv(RECV_PIN);
decode_results results;

const int AIA = 5;
const int AIB = 6;
const int BIA = 9;
const int BIB = 10;
byte speed = 150;

void setup() {
  Serial.begin(9600);
  irrecv.enableIRIn();
}

void forward() {
  analogWrite(AIA, speed);  analogWrite(AIB, 0);
  analogWrite(BIA, speed);  analogWrite(BIB, 0);
}
```

```
void backward() {
  analogWrite(AIA, 0);   analogWrite(AIB, speed);
  analogWrite(BIA, 0);   analogWrite(BIB, speed);
}

void left() {
  analogWrite(AIA, speed);   analogWrite(AIB, 0);
  analogWrite(BIA, 0);       analogWrite(BIB, speed);
}

void right() {
  analogWrite(AIA, 0);       analogWrite(AIB, speed);
  analogWrite(BIA, speed);   analogWrite(BIB, 0);
}

void stop() {
  analogWrite(AIA, 0);   analogWrite(AIB, 0);
  analogWrite(BIA, 0);   analogWrite(BIB, 0);
}

void loop() {
  if (irrecv.decode(&results)) {
    Serial.println(results.value);
    if(results.value == 16736925) {
      Serial.println("Motor Forward");
      forward();
    }
    if(results.value == 16754775) {
      Serial.println("Motor Backward");
      backward();
    }
    if(results.value == 16720605) {
      Serial.println("Motor Left");
      left();
    }
    if(results.value == 16761405) {
      Serial.println("Motor Right");
      right();
    }
    if(results.value == 16712445) {
      Serial.println("Motor Stop");
      stop();
    }
    irrecv.resume();
  }
}
```

3) 스케치 분석

int RECV_PIN = 2; IRrecv irrecv(RECV_PIN);

IR 수신 핀을 9번 핀으로 설정하는 명령입니다.

void forward() { }

전진시 실행되는 함수입니다. 양쪽 모터를 모두 전진에 맞게 회전시킵니다. backward()는 후진, left()는 좌회전, right()는 우회전, stop()은 정지 함수입니다.

if (irrecv.decode(&results)) { }

IR 수신 센서가 IR 코드를 수신했을 때 { } 내용을 실행하는 명령입니다.

if(results.value == 16736925) { forward(); }

IR 수신코드가 10진수로 16736925였을 때 { } 내용을 실행합니다. 16736925 는 리모컨 전진 버튼(↑)을 눌렀을 때 받은 코드 값입니다. { } 내에는 forward()는 해당 함수를 호출(사용)하라는 명령입니다. 스케치 내용 중 forward() 함수를 찾아 가 { }안의 내용을 실행하고 다시 돌아오게 됩니다. 참고로 사용하는 리모컨에 따라 코드 값은 달라질 수 있습니다.

4) 응용 예제

· 속도를 조절해 동작하도록 해보세요.
· TV 리모컨으로 제어하는 RC카를 만들어 보세요.

• 알아두세요~

집에 있는 레고와 장난감 부품이 있다면 더 재미있고 다양한 모양으로 나만의 RC카를 만들 수 있습니다.

아두이노 Pro Mini   IR 수신 센서   모터드라이버(L9110S)

4.2 블루투스로 RC카 제어하기

블루투스는 최대 통신 거리가 100m이나 실제 사용 가능한 거리는 10m 내외입니다. IR 센서의 경우 도달 거리가 현저히 짧기 때문에 블루투스를 이용한 통신 방식이 좀 더 적합합니다. 시중에 판매되고 있는 완성형 RC카의 경우 지그비(Zigbee) 통신 방식을 주로 이용합니다. 하지만 별도의 조정기가 있어야하고 아두이노와 통신을 하기 때문에 고려해야할 사항이 많습니다. 블루투스는 스마트폰으로 제어가 가능하므로 별도의 조정기 를 필요로 하지 않습니다. 스마트폰에 블루투스 앱을 설치해 블루투스 RC카를 제어할 수 있습니다. 연결에 사용하는 블루투스 모듈은 HC0-06이지만 AT-09 또는 HM-10도 같은 방법으로 연결하고 사용할 수 있습니다. 블루투스를 이용해 RC카를 만들어 보겠습니다.

프로젝트 명	블루투스로 제어하는 RC카 만들기
필요 부품	아두이노 보드, RC카 2WD 키트, 블루투스 모듈, 모터 드라이버, 케이블(암수) 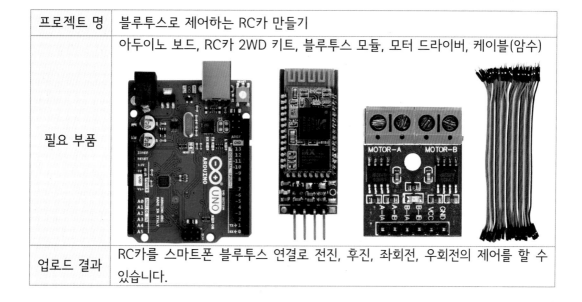
업로드 결과	RC카를 스마트폰 블루투스 연결로 전진, 후진, 좌회전, 우회전의 제어를 할 수 있습니다.

1) 연결 구성도

아두이노 보드와 모터 드라이버 모듈, 블루투스 모듈은 아래와 같은 방법으로 연결합니다. 모터 드라이버와 모터 연결은 이전 프로젝트와 동일하게 연결합니다.

아두이노	모터 드라이버(L9110S)	아두이노	블루투스 모듈
D5	A-IA	D2	TX(TXD)
D6	A-IB	D3	RX(RXD)
D9	B-IA	5V	VCC(+, 5V)
D10	B-IB	GND	GND(-, G)
5V	VCC(+, 5V)		
GND	GND(-, G)		

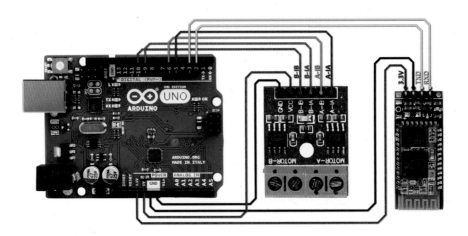

2) 스케치

스케치를 작성 전에 블루투스로 어떤 값을 보냈을 때 전진을 할 것인지, 후진, 좌회전, 우회전을 할것인지 미리 설정해야 합니다. 이번 프로젝트에서는 f(forward)를 입력하면 전진, b(backward)를 입력하면 후진, l(left)을 입력하면 좌회전, r(right)을 입력하면 우회전, s(stop)를 입력하면 정지하는 것으로 정하고 스케치 작성을 진행해보겠습니다.

```
#include <SoftwareSerial.h>
SoftwareSerial btSerial(2,3);

const int AIA = 5;
const int AIB = 6;
const int BIA = 9;
const int BIB = 10;
byte speed = 100;

void setup() {
  Serial.begin(9600);
  btSerial.begin(9600);
}

void loop() {
  if(btSerial.available()) {
    char c = btSerial.read();
    Serial.println(c);
    switch(c) {
      case 'f':
        analogWrite(AIA, speed);  analogWrite(AIB, 0);
        analogWrite(BIA, speed);  analogWrite(BIB, 0);
        break;
```

```
        case 'b':
          analogWrite(AIA, 0);  analogWrite(AIB, speed);
          analogWrite(BIA, 0);  analogWrite(BIB, speed);
          break;
        case 'l':
          analogWrite(AIA, 0);  analogWrite(AIB, speed);
          analogWrite(BIA, speed);  analogWrite(BIB, 0);
          break;
        case 'r':
          analogWrite(AIA, speed);  analogWrite(AIB, 0);
          analogWrite(BIA, 0);  analogWrite(BIB, speed);
          break;
        case 's':
          analogWrite(AIA, 0);  analogWrite(AIB, 0);
          analogWrite(BIA, 0);  analogWrite(BIB, 0);
          break;
      }
    }
  delay(10);
}
```

3) 스케치 분석

#include <SoftwareSerial.h> SoftwareSerial btSerial(2,3);

블루투스를 소프트웨어 시리얼로 연결하기 위해 필요한 SoftwareSerial.h 파일을 가져오는 부분과 블루투스 모듈이 연결된 핀 번호 정의 항목입니다. 시리얼 통신은 하드웨어 시리얼 통신과 소프트웨어 시리얼 통신으로 구분됩니다. 하드웨어 시리얼은 아두이노 보드의 디지털 0번, 1번 핀을 의미합니다. 하드웨어 시리얼을 사용하는 경우에는 SoftwareSerial.h 파일을 필요로 하지 않습니다. 스케치 내용을 1~2줄 줄일 수 있습니다. 그런데 왜 하드웨어 시리얼을 사용하지 않을까요? 아두이노는 테스트 전까지 컴퓨터 USB 케이블로 연결되어 있는 상태입니다. 컴퓨터와 아두이노가 시리얼 통신을 통해 스케치 업로드, 시리얼 모니터를 사용할 수 있습니다. 그래서 센서나 다양한 장치를 연결시 디지털 0, 1번 커넥터는 사용하지 않고 다른 커넥터를 이용하는 것입니다. 하드웨어 시리얼을 사용하는 경우에는 컴퓨터에서 작성한 스케치를 업로드한 후에 디지털 0, 1번 커넥터에 하드웨어 시리얼 통신을 할 장치를 연결해야 합니다. 미리 연결해 놓으면 스케치 업로드가 되지 않거나 오류가 납니다. 그래서 소프트웨어 시리얼을 주로 사용합니다. 소프트웨어 시리얼은 사용자가 원하는 커넥터 번호(2~13)를 설정해 사용할 수 있습니다. SoftwareSerial btSerial(2,3) 은 아두이노 디지털 2번 핀과 3번 핀을 블루투스 모듈과 통신하는 핀으로 사용하겠다는 의미입니다.

if(btSerial.available()) { char c = btSerial.read(); }
블루투스 연결된 장치로부터 입력이 있으면 그 값을 읽어 문자 변수 c에 저장합니다.

switch(c) { }
변수 c 값에 따라 다른 내용을 실행합니다. 모터의 회전 방향에 따른 값 설정을 합니다. f(전진)일 경우에는 두 모터를 정방향으로 회전시키고, b(후진)일 경우에는 두 모터를 역방향으로 회전시킵니다. l(좌회전)일 경우 왼쪽 모터는 역방향, 오른쪽 모터는 정방향 회전, r(우회전)일 경우 왼쪽 모터는 정방향, 오른쪽 모터는 역방향으로 회전합니다.

4) 스마트폰으로 제어하기

작성된 스케치를 업로드 합니다. 업로드가 완료되면 컴퓨터 USB 케이블을 제거하고 아두이노와 블루투스 모듈, 모터 드라이버 모듈을 RC카에 장착합니다. 건전지와 아두이노 보드를 연결합니다. 블루투스 모듈의 LED가 빠르게 깜박거립니다. 스마트폰과 연결이 되면 깜박거림을 멈추고 계속 켜있는 상태가 됩니다.

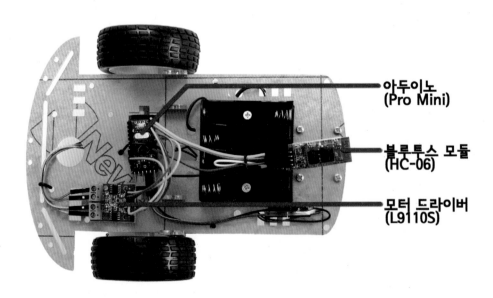

아두이노
(Pro Mini)

블루투스 모듈
(HC-06)

모터 드라이버
(L9110S)

① 블루투스 모듈을 HC-06 또는 HC-05 모듈을 사용한 경우에는 먼저 스마트폰 설정에서 블루투스 페어링 작업이 선행되어야 합니다. AT-09 또는 HC-10 모듈을 이용하는 경우에는 페어링 없이 앱에서 바로 연결할 수 있습니다. 스마트폰에서 [3Demp - 3dplayer] 앱을 실행합니다. 앱이 실행되면 블루투스 아이콘을 터치합니다.

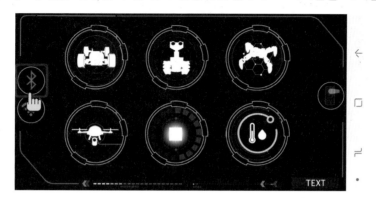

② [SCAN]을 터치합니다. 주변의 블루투스 장치가 검색되어 나오면 아두이노에 연결된 블루투스 장치를 선택합니다.

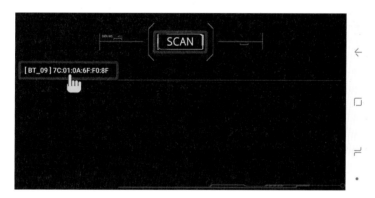

③ 블루투스 연결이 완료되면 아두이노 보드에 연결한 블루투스 모듈의 LED가 깜빡이지 않고 점등 상태를 유지합니다. 모터 제어를 위한 설정을 해 보겠습니다. 첫번째 RC카 모양 아이콘을 터치합니다.

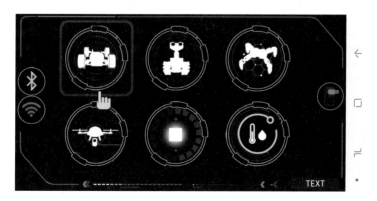

④ 버튼을 누르면 아두이노 보드에 연결된 블루투스 장치로 전송할 값을 설정하겠습니다. 오른쪽 상단 톱니바퀴 모양 [설정]을 터치합니다.

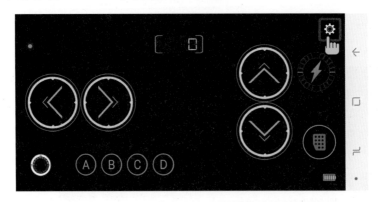

⑤ 전송 값 설정 창이 나오면 FORWARD [f], BACKWARD [b], LEFT [l], RIGHT [r], STOP [s]로설정합니다. 설정이 완료되면 [SAVE]를 터치합니다.

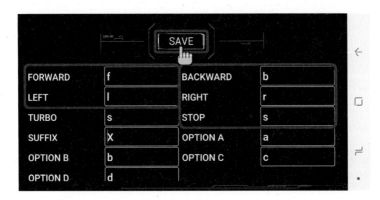

⑥ 이제 좌우, 상하 키를 눌러 RC카의 움직임을 확인합니다. 좌우버튼이나 상하 키를 눌렀을 때, 반대 방향으로 움직이면 설정에서 키를 맞 변경하거나 모터 드라이버에 연결한 케이블을 조정합니다. 오른쪽 하단 페달 모양(브레이크)을 터치하면 동작이 중지됩니다.

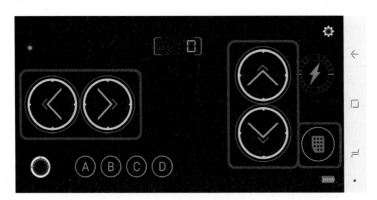

스마트폰에서 블루투스 4.0을 지원하는 3Demp 앱 사용이 불가한 경우에는 아래의 앱을 설치하고 사용합니다.

스마트폰 구분	앱 이름 (제작사)	설명
안드로이드	Serial Bluetooth Terminal (Kai Morich)	앱 내 버튼을 길게 눌러 원하는 전송 값을 설정 및 사용 가능
아이폰	Bluetooth Terminal (Lukas Pistrol)	S버튼에 전송 값을 설정해 RC카, 로봇 등을 제어 가능

Memo

IOT 제품 제작 프로젝트

1절 iOT 서비스 개요

사물 인터넷(Internet of Thing, 약어로 IoT)은 각종 사물에 센서와 통신 기능을 내장하여 인터넷에 연결하는 기술을 의미합니다. 인터넷으로 연결된 사물들이 데이터를 주고받아 스스로 분석하고 학습한 정보를 사용자에게 제공하거나 사용자가 이를 원격 조정할 수 있는 인공지능 기술입니다. 여기에서 사물이란 가전제품, 모바일 장비, 웨어러블 컴퓨터 등 다양한 장치를 통칭하는 명칭입니다. 다시 말하면 언제 어디서나 내가 원하는 장치를 제어하고 필요한 정보를 받아볼 수 있다는 의미입니다.

앞부분에서 IR, 블루투스, Wi-Fi 등의 네트워크 통신을 통해 다양한 사물 인터넷 기기를 만들어보았습니다. 하지만 앞부분에서 배웠던 내용만으로는 장치를 제어하고 활용하기에는 부족함이 있습니다. 공유기 설정 및 보안 문제 등이 있을 수 있기 때문에 IoT 플랫폼을 이용하는 방법을 추천해드립니다. IoT 플랫폼 서비스는 여러 가지가 있습니다. 다음과 같은 주요 IoT 서비스 플랫폼이 있습니다.

서비스명	URL/앱	특징
Blynk	앱 : Blynk	가장 많은 보드 지원 다양한 센서/위젯 지원 앱 기반 제어
ThingSpeak	웹 : thingspeak.com	웹/앱 기반 제어 제한적인 센서 지원
Cayenne	웹 : mydevices.com 앱 : Cayenne	Codingless 제어 지원보드 제한적

Blynk 활용하기

2.1 Blynk의 이해

아두이노와 관련해 가장 많이 활용하고 있는 IoT 플랫폼은 Blynk입니다. 제공 라이브러리를 약간의 수정을 통해 외부에서 쉽게 집안의 사물들을 제어할 수 있도록 지원합니다. 물론 기업에서 사용하는 산업용 기기 제어에도 사용할 수 있습니다. Blynk는 사용 편의성과 활용도가 높아 전용 보드까지 출시되었습니다. Sparkfun사에서는 Blynk를 쉽게 사용할 수 있는 ESP8266기반 보드를 출시하였습니다.

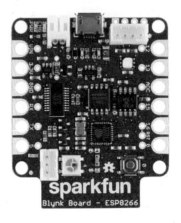

Blynk에 대한 자세한 내용은 Blynk 홈페이지(www.blynk.cc)에서 확인할 수 있습니다.

1) Blynk 라이브러리 다운로드 및 설치

① Blynk를 사용하기 위해서는 라이브러리를 다운로드 받아 설치해야 합니다. Blynk 라이브러리를 다운로드 받는 방법에 대해 알아보겠습니다. 아두이노 프로그램에서 [스케치]-[라이브러리 포함하기]-[라이브러리 관리]를 클릭합니다.

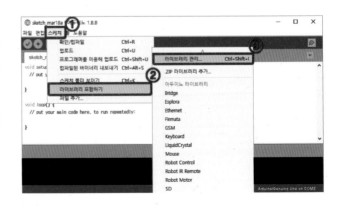

② 라이브러리 매니저 창이 나
오면 오른쪽 상단 검색창에
[blynk]를 입력 후 'Blynk by
Volodymyr Shymanskyy'
라이브러리의 [설치]를 클릭
합니다.

③ 라이브러리 다운로드 및 설치
가 진행됩니다. 설치가 완료
될 때까지 기다립니다.

④ 설치가 완료되면 설치한 라
이브러리 이름 오른쪽에
'INSTALLED' 메시지가 나타
납니다. [닫기]를 클릭합니다.

2) Blynk 앱 설치 및 인증 코드 가져오기

Blynk는 스마트폰에 앱을 설치해 아두이노를 제어합니다. 제어 방식은 인증 토큰이라는 것을 이용합니다. 컴퓨터에서 인터넷 접속할 때 사용하는 IP 주소를 이용하는 방법도 있지만 공유기 등을 이용하는 사설 IP 환경에서는 여러 가지 설정을 해줘야하기 때문에 불편함이 있습니다. 사설 IP와 같은 복잡한 환경에서도 쉽게 Blynk 앱과 아두이노 보드를 연결해주는 방법이 인증 토큰입니다. 인증 토큰은 Blynk 앱에서 받을 수 있습니다. Blynk 앱을 설치하고 인증 토큰을 받는 방법을 알아보겠습니다.

① 스마트폰에서 [Play 스토어](아이폰은 App Store)를 터치합니다. Play 스토어가 실행되면 상단 검색창을 터치합니다.

② 검색어 [blynk]를 입력 후 검색합니다. 검색 결과 [Blynk - IoT for Arduino....]앱의 [설치]를 터치합니다.

③ 앱 설치가 완료되면 [열기]를 터치합니다. 앱이 실행되면 계정 등록을 위해 [Created New Account]를 클릭합니다.

④ 이메일 주소와 사용할 패스워드를 입력 후 [Sign Up]을 클릭합니다. 에너지 포인트에 대한 설명이 나옵니다. 참고로 무료로 2000 에너지 포인트를 제공해줍니다. 버튼이나 슬라이드 바 등 기능을 추가할 때 마다 일정 포인트가 감소됩니다. 사용하다 기능을 제 거하면 포인트는 다시 적립됩니다. [Cool! Got it.]을 터치합니다.

⑤ 새로운 프로젝트를 만들기 위해 [Create New Project]를 클릭합니다. 새 프로젝트 이름
   을 입력 후 'HARDWARE MODEL'은 [WeMos D1 mini]를 선택합니다. 'CONNECTION
   TYPE'은 [Wi-Fi]로 선택합니다. 설정이 완료되면 [Create]를 터치합니다.

⑥ 인증 코드를 가입한 메일로 발송했다는 메시지가 나옵니다. 인증 코드는 메일을 확인하
   거나 Blynk 앱의 상단 너트 모양의 [Project Settings]를 터치합니다.

⑦ Projects Settings 창이 나오면 하단 AUTH TOKENS(인증 토큰)의 'Email all'을 터치하면 가입한 메일로 이메일을 보내줍니다. [Copy all]을 터치하면 인증 토큰을 클립보드로 복사해줍니다. 메모 또는 문서 앱을 실행하고 빈 공간을 길게 눌러 [붙여넣기]를 터치하면 인증 토큰을 확인할 수 있습니다.

⑧ 프로젝트를 만들면 Blynk 앱 가입시 사용한 메일로 인증 토큰을 발송해주므로, 메일을 통해 인증코드를 확인할 수도 있습니다. 인증 토큰은 프로젝트 단위로 생성됩니다.

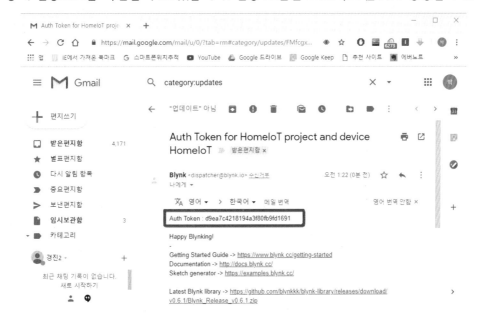

2.2 스마트폰으로 전등 켜고 끄기

Blynk 라이브러리를 이용해 WeMos 연결된 LED를 제어하는 프로젝트를 진행해보겠습니다. Wi-Fi나 블루투스 등의 통신 장치가 없어도 Blynk를 이용해 아두이노를 제어하는 것이 가능합니다. 컴퓨터에 연결된 USB 케이블을 통해 아두이노 보드를 인터넷에 연결하고 제어할 수 있습니다. 실제 제품으로 적용하기 전에 컴퓨터에 연결된 아두이노로 테스트해본 후 제품에 적용해 볼 경우에 유용합니다.

프로젝트 명	Blynk로 LED 제어하기
필요 부품	WeMos D1 mini 또는 WeMos D1 R2, 3색 SMD LED 모듈, 케이블(암수) 
업로드 결과	Blynk 앱으로 WeMos 보드에 연결된 LED를 켜거나 끌 수 있습니다.

1) 연결 구성도

WeMos 보드	3색 SMD LED	WeMos 보드	3색 SMD LED
D5	G	D6	R
D7	B	G(GND)	-

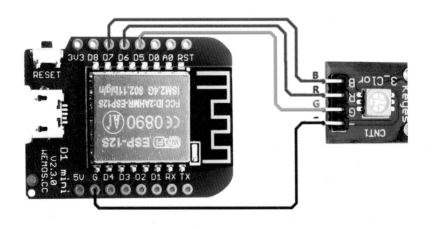

2) 스케치

Blynk 스케치는 일반적인 아두이노 스케치에 Blynk에서 사용하는 전용 코드를 포함해야 합니다. 그래서 라이브러리와 함께 사용 예제를 제공합니다. Blynk 제공 예제를 이용해 LED를 제어하는 방법을 알아보겠습니다. 참고로 WeMos 보드 드라이버 설치와 설정 방법은 180 페이지 내용을 참고합니다.

① 아두이노 IDE [파일]-[예제]-
[Blynk]-[Boards_WiFi]-
[ESP8266_Standalone]을
클릭합니다.

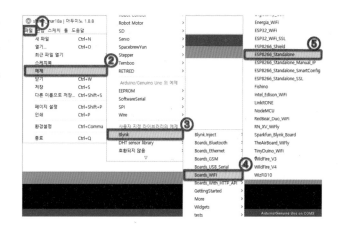

② 가져온 스케치에서 char auto[] = "" 항목의 인증 토큰을 Blynk 가입시 입력한 메일을 열어 인증토큰을 넣습니다. 그리고 WiFi SSID, 패스워드를 수정합니다. 수정이 완료되면 스케치를 WeMos 보드에 업로드 합니다.

```
#define BLYNK_PRINT Serial
#include <ESP8266WiFi.h>
#include <BlynkSimpleEsp8266.h>

char auth[] = "d9ea7c4218194a3f80fb9fd1691";
char ssid[] = "youlnet";
char pass[] = "12345678";

void setup() {
  Serial.begin(9600);
  Blynk.begin(auth, ssid, pass);
}

void loop() {
  Blynk.run();
}
```

3) 스케치 분석

#define BLYNK_PRINT Serial

아두이노와 Blynk 통신에 사용할 명령어 정의 항목입니다.

#include <ESP8266WiFi.h>

아두이노에서 ESP8266 기반 보드의 Wi-Fi 연결을 사용할 수 있도록 지원하는 라이브러리(클래스 및 함수 등)입니다.

#include <BlynkSimpleEsp8266.h>

Blynk의 ESP8266 보드의 Wi-Fi 연결 및 전송 스트림에 대한 내용을 정의한 파일입니다.

char auth[] = "d9ea7c4218194a3f80fb9fd1691ed722";

인증 토큰을 입력하는 부분입니다. 이 코드는 사용자마다 다른 코드로 나타납니다. 스마트폰에서 Blynk 가입 후 새로운 프로젝트 생성시 나오는 인증 토큰을 입력해주면 됩니다.

char ssid[] = "youlnet"; char pass[] = "12345678";

Blynk에서 Wi-Fi 연결시 사용할 SSID와 Password를 입력하는 곳으로, Wi-Fi 연결시 입력한 정보로만 연결을 시도 & 접속합니다.

Blynk.begin(auth, ssid, pass);

Blynk를 초기화(시작) 및 Wi-Fi 연결을 진행하는 내용입니다.

Blynk.run();

Blynk를 실행하는 함수를 호출하는 명령어입니다. Blynk는 디지털 핀의 모드를 출력모드로 설정하지 않아도 모든 디지털 핀의 출력을 제어할 수 있도록 지원합니다. 또한 디지털 핀은 0번 핀을 제외한 모든 핀이 PWM을 지원합니다.

4) 실행하기

Blynk 스케치 업로드가 완료되면 스마트폰에서 앱으로 아두이노를 제어할 수 있습니다. 설정한 Wi-Fi에 정상적으로 연결이 되었는지 확인하기위해 시리얼 모니터를 통해 확인 후 LED 제어 기능을 사용해보겠습니다.

① WeMos 보드가 연결된 PC에서 아두이노 프로그램의 [시리얼 모니터]를 클릭해 실행합니다. WeMos 보드의 [Reset] 버튼을 누르면 업로드한 스케치를 재시작 합니다. 재시작하면 Wi-Fi 연결을 시도합니다. 정상적으로 연결되면 시리얼 모니터에 'Connected to WiFi' 메시지가 나옵니다. Wi-Fi 연결이 완료되면 Blynk 서버에 연결하는 과정 (Connecting to blynk-cloud.com:80)이 진행됩니다. 업로드한 스케치가 정상적으로 작동하는 것을 확인하였으니 다음 연결부터는 시리얼 모니터를 확인하지 않아도 됩니다. WeMos 보드가 인터넷에 연결되면 스마트폰에서 제어하는 작업을 진행합니다.

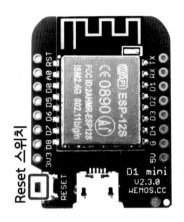

② 스마트폰에서 [Blynk] 앱을 실행합니다. 앱이 실행되면 이전에 만든 'HomeIoT' 프로젝트 화면이 나옵니다. 새로운 위젯을 추가하기 위해 화면 빈 공간을 터치하거나 상단 [+]를 터치합니다.

③ 위젯 상자가 나오면 [Button]을 터치합니다. 버튼이 추가되었습니다. 추가된 버튼을
WeMos 핀과 연결하기 위해 버튼을 터치합니다.

④ 버튼 설정 화면이 나오면 버튼 이름을 [빨강LED]로 입력 후 WeMos 디지털 핀과 연결
을 하기위해 [PIN]을 터치합니다. Select pin 창이 나오면 [Digital], [D5]를 선택 후
[OK]를 터치합니다.

⑤ MODE [SWITCH], OFF [꺼짐], ON [켜짐], FONT SIZE [가장 왼쪽], TEXT [빨간색] 으로 설정합니다. 설정이 완료되면 왼쪽 상단 [←]를 터치합니다. 첫 번째 버튼 설정이 완료되었습니다. 두번째 버튼을 추가하기 위해 빈 공간을 터치합니다.

⑥ 위젯 상자가 나오면 [Button]을 터치합니다. 버튼이 추가되었습니다. 추가된 버튼을 WeMos 핀과 연결하기 위해 버튼을 터치합니다.

 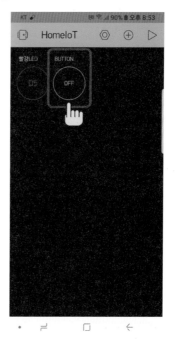

⑦ 버튼 이름 [초록LED], OUTPUT [D6], MODE [SWITCH], OFF [꺼짐], ON [켜짐], FONT SIZE [가장 왼쪽]으로 설정합니다. 설정이 완료되면 왼쪽 상단 [←]를 터치합니다. 두 번째 버튼 설정이 완료되었습니다. 버튼을 하나 더 추가하기 위해 빈 공간을 터치합니다.

⑧ 위젯 상자 창이 나오면 [Button]을 터치합니다. 설정을 위해 추가된 세 번째 버튼을 터치합니다.

⑨ 버튼 이름 [파랑LED], OUTPUT [D7], MODE [SWITCH], OFF [꺼짐], ON [켜짐], FONT SIZE [가장 왼쪽], TEXT [파랑색]으로 설정합니다. 설정이 완료되면 왼쪽 상단 [←]를 터치합니다. 모든 버튼 설정이 완료되었습니다. 버튼을 눌렀을 때 WeMos 보드에 연결된 LED가 동작하는지 테스트를 하기위해 오른쪽 상단 [▷]를 터치합니다.

⑩ 각 버튼을 터치해 LED가 켜지고 꺼지는지 확인합니다. 확인이 완료되고 편집 화면으로 돌아가려면 오른쪽 상단 [ㅁ]를 터치하면 됩니다.

 Blynk에서 기능 편집 상태와 Play 상태를 구분하는 아이콘입니다. 편집 상태와
Play 상태의 화면 변화가 거의 없어 혼동될 수 있으니 참고하십시오.

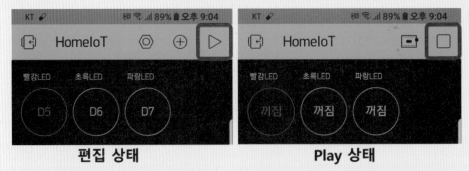

편집 상태	Play 상태

 Blynk에서 WeMos 보드 제어가 되지 않는다면 연결이 정상적으로 되었는지부터
확인하는 것이 좋습니다. Blynk 앱에서 간단하게 확인할 수 있습니다. 정상적으로 연
결되면 Blynk 앱에서 'Play 상태'일 때 상단 보드 모양 아이콘이 숫자없이 표시(첫 번
째 이미지)됩니다. 반면 WeMos 보드가 Blynk 앱에 연결 되지 않은 상태일 때는 숫자
가 표시됩니다. 보드 모양을 터치하면 'Offline' 메시지가 확인됩니다. WeMos 보드
가 Blynk 앱에 연결되지 않는 경우는 인증 토큰이 다른 경우, 업로드한 스케치의 Wi-
Fi SSID, Password가 다르거나 연결이 불가능한 경우 등이 있습니다.

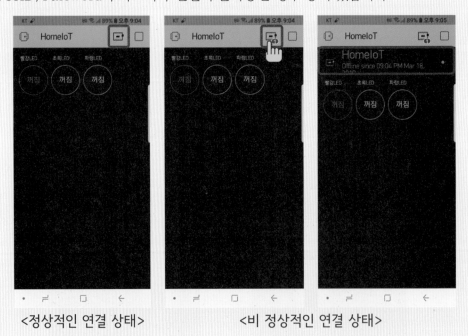

<정상적인 연결 상태>	<비 정상적인 연결 상태>

5) 다른 위젯 사용해보기

Blynk에서 제공하는 위젯 중 밝기를 자유롭게 조절할 수 있는 위젯을 활용해 WeMos 보드에 연결된 LED의 밝기를 조절해보겠습니다.

① 먼저 기존에 등록한 버튼을 제거해야 합니다. 기존 버튼을 제거하지 않으면 버튼에 맵핑된 D5, D6, D7 핀을 다른 위젯에서 사용할 수 없습니다. 프로젝트 편집 상태에서 삭제할 버튼을 길게 누릅니다. 오른쪽 상단 재활용 아이콘으로 드래그&드롭해 위젯을 모두 제거합니다.

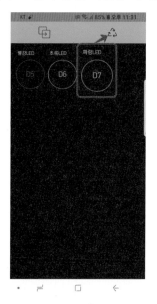 

② 새로운 위젯을 추가하기 위해 빈 공간을 터치합니다. 위젯 상자 창이 나오면 [Slider]를 터치합니다.

 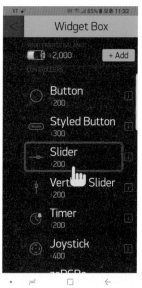

③ 설정을 위해 추가된 버튼을 터치합니다. 버튼 이름 [빨강], 색 [빨강], OUTPUT [D5]로
설정합니다. 설정이 완료되면 왼쪽 상단 [←]를 터치합니다.

④ 빨간색 슬라이더 설정이 완료되었습니다. 같은 방법으로 슬라이더를 2개 더 추가하고
초록(D6)과, 파랑(D7)으로 설정합니다. 3개의 슬라이더 설정이 완료되면 동작 테스트
를 위해 오른쪽 상단 [▷]를 터치합니다.

⑤ 각각의 슬라이더를 드래그해 값을 조절합니다. WeMos 보드에 연결된 LED의 색과 밝기가
  조절됩니다. 테스트가 완료되면 편집 모드로 돌아가기 위해 오른쪽 상단 [ㅁ]를 터치합니다.

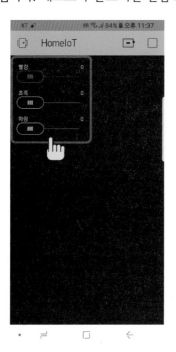 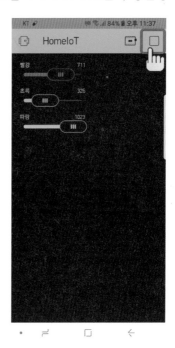

⑥ 이번에는 얼룩말 스타일의 색상 조절 위젯을 사용해보겠습니다. 슬라이더 위젯을 길게
  누른 후 오른쪽 상단 재활용 아이콘으로 드래그&드롭해 삭제합니다. 위젯이 모두 삭
  제되면 새 위젯을 추가하기 위해 빈 공간을 터치합니다.

⑦ 위젯 상자 창이 나오면 [zeRGBa]를 터치합니다. 설정을 위해 추가된 얼룩말 위젯을 터치합니다.

 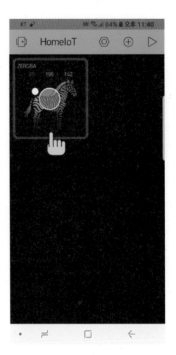

⑧ 위젯 이름을 [MoodLight], R [D5], G [D6], B [D7]로 설정합니다. RGB 값 사이에 있는 저항 모양을 터치해 모두 켭니다. 설정이 완료되면 왼쪽 상단 [←]를 터치합니다.

⑨ 위젯의 크기를 좀 더 크게 설정해보겠습니다. 얼룩말 위젯을 1초 정도 눌렀다 놓으면 4방향 조절점이 나옵니다. 아래쪽, 오른쪽 조절점을 드래그&드롭해 크기를 조절합니다. 조절이 완료되면 테스트를 위해 오른쪽 상단 [▷]를 터치합니다.

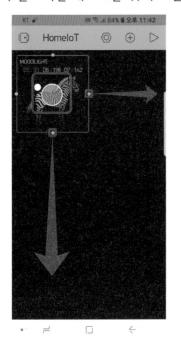

⑩ 얼룩말의 색상 중 원하는 곳을 터치하면 해당 색상이 WeMos 보드에 연결된 LED에 같은색으로 적용됩니다. 흰색은 얼룩말 엉덩이 위쪽 흰색 점 부분을 터치하면 되고, LED를 끄려면 얼룩말 밖의 검정 배경 부분을 터치하면 됩니다.

2.3 스마트폰으로 실시간 온·습도 확인하기

이번에는 온·습도 센서인 DHT11을 연결해 Blynk에서 실시간으로 체크하는 방법을 알아보겠습니다.

프로젝트 명	Blynk로 온·습도 실시간 확인하기
필요 부품	WeMos D1 mini 또는 WeMos D1 R2, 온·습도 센서(DHT11) 모듈, 케이블(암수) 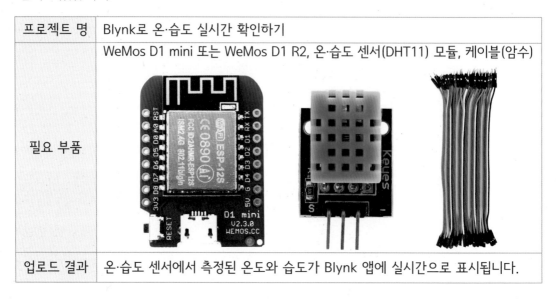
업로드 결과	온·습도 센서에서 측정된 온도와 습도가 Blynk 앱에 실시간으로 표시됩니다.

1) 연결 구성도

WeMos D1 mini(WeMos D1 R2)	온·습도 센서(DHT11) 모듈
D4	S
5V	+(VCC, 5V)
G(GND)	-(G, GND)

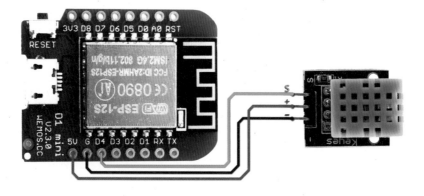

2) 스케치

스케치는 ESP8266에서 DHT 계열 센서(DHT11, DHT22 등)를 사용하기 위해 필요한 라이브러리를 설치하고, 스케치를 업로드 해보겠습니다.

① 아두이노 IDE [스케치]-[라이브러리 포함하기]-[.zip 라이브러리 추가]를 클릭합니다.

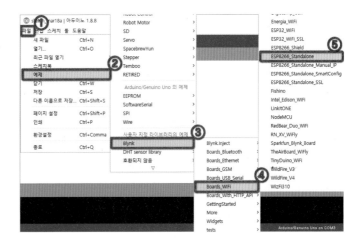

② 라이브러리 매니저 창의 오른쪽 상단 검색란을 클릭 후 [dht]를 입력합니다. 검색된 라이브러리 중 'DHT sensor library for ESPx...'의 [설치]를 클릭합니다.

③ 라이브러리 설치가 완료되면 라이브러리 이름 오른쪽 'INSTALLED' 메시지가 표시됩니다. 라이브러리 설치가 완료되었습니다. [닫기]를 클릭합니다.

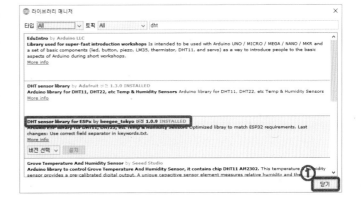

④ 아래 스케치를 WeMos 보드에 업로드 합니다.

```
#define BLYNK_PRINT Serial
#include <SPI.h>
#include <ESP8266WiFi.h>
#include <BlynkSimpleEsp8266.h>
#include <DHTesp.h>

char auth[] = "d9ea7c4218194a3f80fb9fd1691";
char ssid[] = "younet";
char pass[] = "12345678";

#define DHTPIN 2
DHTesp dht;
BlynkTimer timer;

void sendSensor() {
  float h = dht.getHumidity();
  float t = dht.getTemperature();
  Serial.print(h, 1);   Serial.print("   ");   Serial.println(t, 1);
  if (isnan(h) || isnan(t)) {
    Serial.println("Failed to read from DHT sensor!");
    return;
  }
  Blynk.virtualWrite(V5, h);
  Blynk.virtualWrite(V6, t);
}

void setup() {
  Serial.begin(9600);
  Blynk.begin(auth, ssid, pass);
  dht.setup(DHTPIN, DHTesp::DHT11);  // DHT22센서 연결시 DHT22로 수정
  timer.setInterval(2000L, sendSensor); // 2초마다 측정해 데이터 전송
}

void loop() {
  Blynk.run();
  timer.run();
}
```

3) 스케치 분석

#include <DHTesp.h>

ESP8266 Wi-Fi 모듈을 사용하는 디바이스에서 온·습도를 측청하는 DHT 센서를 사용하기 위한 라이브러리 파일입니다.

#define DHTPIN 2

DHT 센서의 시그널(Signal) 핀이 연결된 핀번호를 입력한 것입니다. 앞서 연결 구성도에서 D4에 연결한 핀 번호를 스케치에서는 2번으로 입력하였습니다. 이유는 스케치에서는 보드에 인쇄된 디지털 핀 번호가 아닌 GPIO 번호를 사용하기 때문입니다.

보드 Pin	Function	ESP-8266 Pin
A0	Analog input, max 3.3V input	A0
D0	IO	GPIO16
D1	IO, SCL	GPIO5
D2	IO, SDA	GPIO4
D3	IO, 10k Pull-up	GPIO0
D4	IO, 10k Pull-up, BUILTIN_LED	GPIO2
D5	IO, SCK	GPIO14
D6	IO, MISO	GPIO12
D7	IO, MOSI	GPIO13
D8	IO, 10k Pull-down, SS	GPIO15
All of the IO pins have interrupt/pwm/I2C/one-wire support except D0		

void sendSensor() { }

Blynk에서는 기존 아두이노 스케치와는 달리 setup()에서 센서로 부터 필요한 값을 가져와 계산하는 과정까지가 모두 포함되어야 합니다. loop()에는 Blynk를 실행하는 기능만을 포함하도록 구성해야 합니다. 그래서 setup()에서 sendSensor() 함수를 호출하도록 구성하고, sendSensor() 함수 내에서 온도와 습도를 계산해 변수 t와 h에 넣어줍니다.

Blynk.virtualWrite(V5, h); Blynk.virtualWrite(V6, t);

센서로부터 읽어온 값을 Blynk로 전달하려면 변수에 값을 넣고 Blynk. virtualWrite(가상 핀 번호, 변수)를 이용해 값을 보낼 수 있습니다. 이렇게 보내진 값은 Blynk 앱에서 실시간으로 표시할 수 있습니다.

timer.run();

내부 시간 경과를 체크하는 함수입니다.

4) Blynk 앱 설정 및 실행하기

① 기존에 만든 위젯의 크기를 조절하겠습니다. 위젯을 1초 이상 눌렀다 놓습니다. 크기 조절점이 나오면 위쪽으로 드래그&드롭해 화면 1/3 크기로 조절합니다. 크기 조절이 완료되면 위젯을 추가하기 위해 아래쪽 빈 공간을 터치합니다.

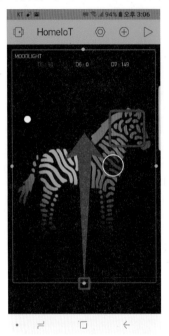 

② 위젯 상자 창이 나오면 [Gauge]를 터치합니다. 설정을 위해 추가된 위젯을 터치합니다.

③ 위젯 이름을 [온도], INPUT [V6(Virtual, V6)], INPUT 값 [-30, 50], LABEL [/pin/ ˙ C], FONT SIZE [가장크게], TEXT [주황색부터 초록색까지 그라데이션]으로 설정합니다. 설정이 완료되면 왼쪽 상단 [←]를 터치합니다. 습도 위젯을 만들기 위해 빈 공간을 터치합니다.

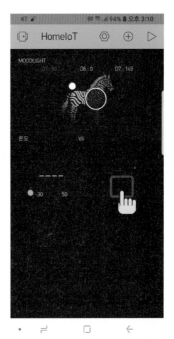

④ 위젯 상자 창이 나오면 [Gauge]를 터치합니다. 설정을 위해 추가된 위젯을 터치합니다.

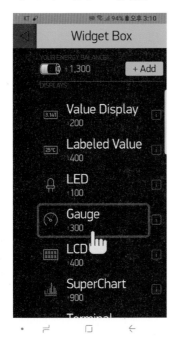
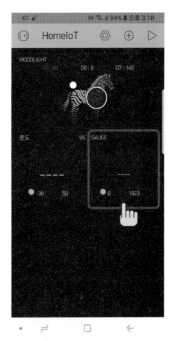

⑤ 위젯 이름을 [습도], INPUT [V5(Virtual, V5)], INPUT 값 [0, 100], LABEL [/pin/%], FONT SIZE [가장크게], TEXT [하늘색]으로 설정합니다. 설정이 완료되면 왼쪽 상단 [←]를 터치합니다. 설정이 완료되었습니다. 테스트를 위해 오른쪽 상단 [▷]를 터치합니다.

⑥ 위젯에 온도와 습도가 표시됩니다. WeMos에 연결된 온·습도 센서에 입김을 불어 온도와 습도의 변화를 확인해봅니다. 확인이 완료되면 편집 상태로 돌아가기 위해 오른쪽 상단 [□]를 터치합니다.

⑦ 온도와 습도의 변화 값의 흐름을 확인해보기 위해 위젯을 추가해 보겠습니다. 빈 공간을 터치합니다. 위젯 상자 창이 나오면 [SuperChart]를 터치합니다.

⑧ 위젯 이름을 [온습도 실시간 모니터링], 색상 [주황색], FONT SIZE [가장크게]로 설정합니다. [+ Add Datastream]을 터치합니다.

⑨ 추가된 데이터 스트림의 이름을 [온도]로 입력 후 오른쪽 [설정]을 터치합니다. 설정 창이 나오면 STYLE AREA [영역형차트], COLOR [주황색부터 초록색의 그라데이션], INPUT [V6], Y AXIS [MIN/MAX], MIN [-30], MAX [50], SUFFIX [˚C]로 설정합니다. 설정이 완료되면 왼쪽 상단 [←]를 터치합니다.

⑩ 습도의 데이터 스트림을 만들기 위해 [+ Add Datastream]을 터치합니다. 추가된 데이터 스트림의 이름을 [습도]로 입력 후 오른쪽 [설정]을 터치합니다.

⑪ 설정 창이 나오면 STYLE AREA [꺾은선차트], COLOR [하늘색], INPUT [V5], Y AXIS [MIN/MAX], MIN [0], MAX [100], SUFFIX [%]로 설정합니다. 설정이 완료되면 왼쪽 상단 [←]를 터치합니다. 왼쪽 상단 [←]를 한번 더 터치합니다..

⑫ 위젯 설정이 완료되었습니다. 위젯을 테스트하기 위해 오른쪽 상단 [▷]를 터치합니다. 온도와 습도가 누적되어 차트로 나타나는 것을 확인할 수 있습니다.

⑬ 이번에는 측정된 데이터를 CSV 파일로 받아볼 수 있는 기능을 알아보겠습니다. 위젯 오른쪽 하단 [...]을 터치합니다. [Export to CSV]를 터치합니다. Blynk 가입시 입력한 메일로 CSV 파일이 발송된다는 메시지가 나오면 [OK]를 터치합니다.

⑭ 메일을 열어 확인합니다. 'HomeIoT v5', 'HomeIoT v6'은 프로젝트 이름 HomeIoT 의 Virtual Pin 5번 데이터(습도)와 Virtual Pin 6번 데이터(온도)를 의미합니다. 참고 로 다운로드 받은 파일은 엑셀로 열어볼 수 있습니다.

2.4 WeMos를 이용한 침입자 확인하기

집안에 누군가가 들어오거나 침입했을 때 체크할 수 있는 방법에 대해 알아보겠습니다. 인체를 감지하는 PIR 센서를 이용하는 방법과 마그네틱 센서를 이용하는 방법이 있습니다. 마그네틱 센서는 창문틀과 창문에 한조의 형태로 장착해 문이 열렸는지 닫혔는지를 파악하는 센서입니다. 이번 프로젝트에서는 PIR 센서를 이용해 인체가 감지되면 스마트폰 팝업 메시지와 메일, 그리고 트위터로 감지 메시지를 보내는 프로젝트를 진행해 보겠습니다.

프로젝트 명	Blynk로 외부에서 집안 침입자 확인하기
필요 부품	WeMos D1 R2(WeMos D1 mini) 보드, PIR 센서(HC-SR501) 모듈, 케이블(암수) 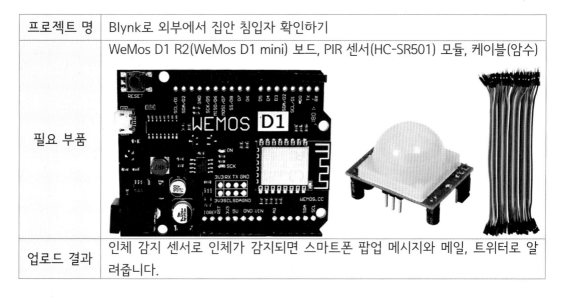
업로드 결과	인체 감지 센서로 인체가 감지되면 스마트폰 팝업 메시지와 메일, 트위터로 알려줍니다.

1) 연결 구성도

WeMos D1 R2(WeMos D1 mini)	PIR 센서(HC-SR501) 모듈
D3	OUT(S)
5V	+(VCC, 5V)
GND	-(G, GND)

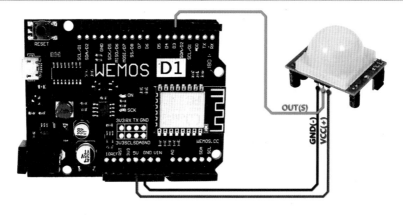

2) 스케치

```
#define BLYNK_PRINT Serial
#include <ESP8266WiFi.h>
#include <BlynkSimpleEsp8266.h>

char auth[] = "d9ea7c4218194a3f80fb9fd1691";
char ssid[] = "youlnet";
char pass[] = "12345678";

BlynkTimer timer;
int pirPin = 0;                                    //D3(GPIO0)
int pirValue = 0;

void PirStateCheck() {
  pirValue= digitalRead(pirPin);
  Serial.println(pirValue);
  if (pirValue) {
    Serial.println("Motion Detect");
    Blynk.notify("Motion Detect");
    Blynk.email("papar@hanmail.net", "PIR Motion Detect!!", "Home PIR Mot
ion Detect!!");
    Blynk.tweet("Home PIR Sensor Detect!!");
  }
  else { Serial.println("Motion NOT Detect"); }
}

void setup() {
  Serial.begin(9600);
  Blynk.begin(auth, ssid, pass);
  timer.setInterval(1000L, PirStateCheck);
}

void loop() {
  Blynk.run();
  timer.run();
}
```

3) 스케치 분석

void PirStateCheck() { }

PIR 감지 센서에서 감지 여부를 확인해 감지가 되면 실행할 내용을 { } 안에 기록합니다.

int pirPin = 0;

PIR 감지 센서가 D3번에 연결되어 있습니다. WeMos D1 R2, WeMos D1 mini 보드의 D3번의 GPIO 값은 0입니다. 그리고 Wi-Fi 보드로 많이 사용하는 NodeMCU v1.0, NodeMCU v3.0도 보드의 디지털 핀 번호와 GPIO 값은 아래 표와 같습니다. ESP8266 Wi-Fi 칩셋을 사용하는 대부분의 보드는 같은 GPIO 값을 사용합니다. GPIO 값은 아래 내용을 참고해 주십시오.

보드 Pin	Function	ESP-8266 Pin
A0	Analog input, max 3.3V input	A0
D0	IO	GPIO16
D1	IO, SCL	GPIO5
D2	IO, SDA	GPIO4
D3	IO, 10k Pull-up	GPIO0
D4	IO, 10k Pull-up, BUILTIN_LED	GPIO2
D5	IO, SCK	GPIO14
D6	IO, MISO	GPIO12
D7	IO, MOSI	GPIO13
D8	IO, 10k Pull-down, SS	GPIO15

All of the IO pins have interrupt/pwm/I2C/one-wire support except D0

```
pirValue= digitalRead(pirPin);
 if (pirValue) {
  Blynk.notify("Motion Detect");
  Blynk.email("papar@hanmail.net", "Motion Detect!!", "Motion Detect!!");
  Blynk.tweet("Home PIR Sensor Detect!!");
 }
```

PIR 인체 감지 센서로부터 값을 읽어와 pirValue에 저장합니다. 저장된 pirValue의 값이 1이면(인체가 감지되면) Blynk.notify(), Blynk.email(), Blynk.tweet() 함수에 값을 전달합니다.

Blynk.notify("") : 따옴표 안의 내용을 스마트폰 알림으로 보여줍니다.

Blynk.email("", "", "") : 첫 번째 따옴표 안의 내용은 메일을 받을 이메일 주소, 두 번째 따옴표 내용은 메일의 제목, 세 번째 따옴표 내용은 메일 내용입니다.

Blynk.tweet("") : 트위터 계정에 따옴표 안의 글을 등록합니다.

timer.setInterval(1000L, PirStateCheck);

PIR 모션 감지 센서의 상태를 1초에 한 번씩 체크하기 위한 타이머입니다. 감지 시간을 줄이거나 늘리려면 timer.setInterval 함수 첫 번째 인수를 수정합니다.

Blynk.run(); timer.run();

Blynk와 timer 함수를 실행합니다.

4) 실행하기

① Blynk 앱에서 WeMos D1 R2에 연결된 PIR 모션 감지를 알림, 이메일, 트위터로 보내는 방법을 알아보겠습니다. 스마트폰 Blynk 앱을 실행합니다. 위젯을 추가하기 위해 오른쪽 상단 [+]를 터치하거나 빈 공간을 터치합니다. Widget Box 창이 나오면 [Notification]을 터치합니다.

 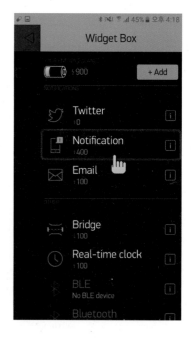

② 추가된 [Notification] 위젯을 터치합니다. 첫 번째 스위치는 WeMos D1 R2가 연결이 끊겼을 때 알림을 주는 기능입니다. 두 번째 스위치는 알림의 우선순위로 스마트폰 상단 알림창의 가장 상단에 위치할지의 여부를 설정하는 것입니다. 두 항목 모두 [ON]으로 설정합니다. 설정이 완료되면 왼쪽 상단 [←]를 터치해 위젯 화면으로 돌아갑니다.

③ 이번에는 메일을 추가하도록 하겠습니다. 위젯을 추가하기 위해 오른쪽 상단 [+] 또는 빈 공간을 터치합니다. Widget Box 창이 나오면 [Email]을 터치합니다.

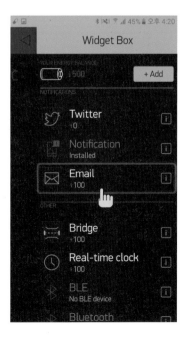

④ 추가된 [Email] 위젯을 터치합니다. 메일을 받을 주소를 설정할 수 있습니다. 설정이 완료되면 왼쪽 상단 [←]를 터치해 위젯 화면으로 돌아갑니다.

⑤ 마지막으로 트위터 위젯을 추가하겠습니다. 오른쪽 상단 [+] 또는 빈 공간을 터치합니다. Widget Box 창이 나오면 [Twitter]를 터치합니다.

⑥ 추가된 [Twitter] 위젯을 터치합니다. 트위터 위젯을 사용하기 위해서는 스마트폰에 트위터 계정이 있어야 합니다. [Connect Twitter]를 터치합니다.

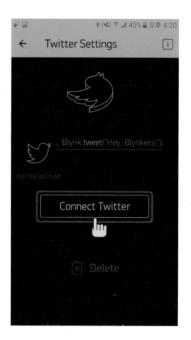

⑦ 트위터 로그인 화면이 나오면 ID와 패스워드를 입력해 로그인 합니다. 로그인이 완료되면 Blynk가 내 계정에 접근을 허용할지 묻는 메시지가 나옵니다. Blynk가 내 계정에 글을 등록할 수 있도록 [허용]을 터치합니다. 트위터 설정이 완료되었습니다. 왼쪽 상단 [←]를 터치해 위젯 화면으로 돌아갑니다.

⑧ 설정이 완료되었습니다. PIR 모션 감지 센서를 테스트하기 위해 오른쪽 상단 [▷]를 터치합니다. WeMos D1 R2에 연결된 PIR 모션 감지 센서 앞쪽에 손을 가져가 감지가 되도록 합니다. 스마트폰 Blynk 앱에 팝업 메시지가 나타납니다.

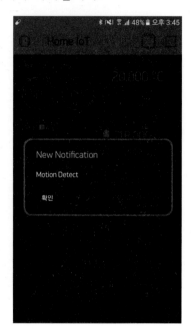

⑨ 앱이 실행되지 않는 상태에서도 스마트폰 상단 상태바에 알림 아이콘으로 모션 감지 상태를 알려줍니다.

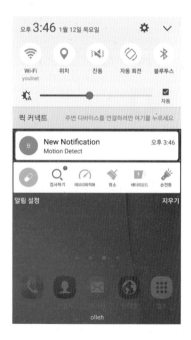

⑩ PIR 센서가 사람을 감지하면 트위터에 글이 등록되며, 메일로도 감지 내역을 확인할 수 있습니다.

Memo

(개정판) 상상을 현실로 만드는 아두이노(Arduino)

발 행 일 2019년 4월 10일

지 은 이 박경진

펴 낸 이 박경진

펴 낸 곳 에듀아이(Edu-i)

주   소 경기도 오산시 경기대로 52-21 101-301

정가 : 16,000원

ISBN 979-11-960272-1-6

CIP제어번호 CIP2019010887

도서 문의처 http://cafe.naver.com/eduipub